L'enfer au collège

Arthur Ténor

L'enfer au collège

Vocabulaire et activités par
Laure Boivin

Ernst Klett Sprachen
Stuttgart

1. Auflage   1 $^{5\ 4\ 3\ 2\ 1}$ | 2019 18 17 16 15

© der Originalausgabe: 2012, Éditions Milan, Toulouse – France
© Ernst Klett Sprachen GmbH, Rotebühlstraße 77, 70178 Stuttgart, 2015.
Alle Rechte vorbehalten.

Internetadresse: www.klett-sprachen.de

Redaktion: Elena Bergmann
Layoutkonzeption: Elmar Feuerbach, Sandra Vrabec
Gestaltung und Satz: bostext, Friolzheim
Umschlaggestaltung: Sandra Vrabec
Titelbild: Tanja Claude, Sans-Vallois
Foto S. 6: laif (Frederic Myss/Opale/Leemage), Köln
Druck und Bindung: AZ Druck und Datentechnik GmbH, Kempten/Allgäu
Printed in Germany

ISBN 978-3-12-592141-2

Table des matières

Introduction 6

Pour comprendre le vocabulaire 7

L'enfer au collège 10
    Le mot de l'auteur. 58
    Le témoignage de Mme Jacqueline Plan. 59

Votre compte rendu de lecture. 66

Activités autour de la lecture. 68

Un peu de grammaire 85

Liste des abréviations. 87

Introduction

1. L'auteur

Arthur Ténor est né en 1959. Il vit à Bellerive-sur-Allier (Allier) et se consacre entièrement à l'écriture. Il est un auteur reconnu qui a publié plusieurs dizaines de romans essentiellement historiques, chez différents éditeurs.

2. Le roman

Jour de rentrée pour Gaspard. Nouveau collège et nouveaux copains ? Pas vraiment. Anthony, la grande gueule de la classe, a décidé de lui pourrir la vie. Juste pour rigoler, parce qu'il a une tête de premier de la classe. Ça commence par de mauvaises blagues. Rien de bien méchant. Puis la cruauté prend le pas. De plus en plus fort…

3. Comment préparer votre lecture ?

– Lisez les conseils pages 7 à 8 pour comprendre plus facilement le vocabulaire.
– Informez-vous pages 85-86 sur le gérondif et le participe présent, des formes verbales que vous ne connaissez peut-être pas encore et qui reviennent souvent dans le texte.
– Quand vous avez lu un chapitre, notez les éléments importants de l'histoire et répondez aux questions : Qui ? Où ? Comment ? Pourquoi ? Vous pouvez par exemple faire un compte rendu de lecture *(Leseprotokoll)*. Vous trouverez une aide aux pages 66-67.

Pour comprendre le vocabulaire

Pour comprendre l'essentiel d'un texte, vous ne devez pas en connaître tous les mots. Les mots importants sont expliqués en bas de page.

Voici quelques conseils *(Tipps)* pour comprendre un texte sans regarder toujours dans le dictionnaire.

1. La famille du mot

Pour trouver le sens du mot, essayez de déterminer sa famille, c'est-à-dire sa racine *(Stamm)* et de reconnaître son préfixe *(Vorsilbe)* ou son suffixe *(Nachsilbe)*.

recommencer (p. 29)	commencer re- → *encore une fois* = wieder anfangen
interminable (p. 37)	terminer in- → *contraire* = endlos
le découragement (p. 51)	le courage dé- → *négatif, distance* + ment → *substantif* = Mutlosigkeit

2. Les mots proches ou identiques en anglais ou en allemand

Vous pouvez parfois deviner le sens de mots français à partir de mots allemands ou anglais que vous connaissez :

j'allais bien **m'amuser** avec lui (p. 11)	*all* sich amüsieren
Espérant **échapper** à son poursuivant… (p. 20)	*angl* to escape
Il revoyait **l'accident**… (p. 35)	*angl* accident

3. Le contexte

Enfin, lisez les mots placés avant et après le mot/le passage inconnu. Cherchez le thème de la phrase ou du paragraphe et notez ce que vous avez compris.

À Nathalie, Julien et Jacqueline.

Anthony

L'entretien se déroulait dans une pièce dont les rideaux à lamelles étaient baissés, rendant ainsi l'atmosphère plus intimiste. Dehors, il faisait un temps radieux. Dedans, une chaleur à peine supportable. Assis sur une chaise devant le bureau, un adolescent fixait le dos du porte-photos dressé près du poste téléphonique noir. Il avait le visage résolument fermé, et s'il se tordait les doigts, c'était plus sûrement de colère que d'anxiété.

Le silence se prolongeait, qui ne semblait pourtant pas gêner l'adulte assis en face de lui. Enfin, le garçon ouvrit la bouche.

– Comment ça a commencé ? Je sais pas, moi. Comme ça…

Il esquissa un sourire moqueur.

–… parce qu'il avait une tête à claques. Quand il est arrivé dans la cour du collège, le jour de la rentrée, j'ai tout de suite vu que c'était un gentil. Il était là, avec son petit sac à dos et son air minable, à regarder autour de lui comme s'il se demandait ce qu'il fichait là. Vu ses baskets toutes neuves et sa raie bien droite sur le côté, j'ai compris qu'il ne venait pas de la cité des Bartins. C'était un fils à papa ou quelque chose comme ça. Il devait habiter les beaux quartiers. En fait, il avait emménagé pendant l'été dans le lotissement des rosiers. C'est là que j'habite, moi aussi. On y vit tranquille, ceux de la cité n'y viennent pas. Y a pas d'embrouilles chez nous, ou alors des embrouilles entre nous, mais jamais rien de méchant…

Il leva les yeux furtivement pour lorgner la réaction de son interlocuteur.

---

1 **un rideau à lamelles** *fpl* une jalousie – 2 **baisser** → bas – 3 **radieux, -euse** très beau – 4 **supportable** → supporter (ertragen) – 6 **résolument** totalement – 6 **se tordre les doigts** sich die Finger verrenken – 7 **l'anxiété** *f* une grande peur – 11 **esquisser** *ici* : andeuten – 12 **une tête à claques** *fpl* Ohrfeigengesicht – 15 **minable** nul – 16 **ficher** *fam* faire – 16 **une raie** *ici* : Scheitel – 17 **une cité** (Hochhaus-)Siedlung in einem Vorort – 19 **emménager dans un lieu** venir y habiter – 20 **un lotissement** un ensemble de petites maisons – 21 **une embrouille** *fam ici* : une dispute, un problème – 24 **furtivement** rapidement – 24 **lorgner** observer – 25 **un interlocuteur** la personne avec qui on parle

– Je vous jure, y a pas de trafic dans mon lotissement. On fait juste du vélo. Bon, c'est vrai que des fois on casse un carreau, mais c'est comme ça, juste pour rigoler. Donc le jour de la rentrée, quand j'ai vu approcher ce mec, tout mignon tout neuf, je me suis dit que, s'il était dans la même classe que moi, j'allais bien m'amuser avec lui. Et bingo ! Quand le principal a fait l'appel, on était dans la même sixième ! Par contre, j'étais déçu parce que mes deux meilleurs copains, Hugo et Jérémie, eux, ils étaient ensemble, et en plus avec la fille du pharmacien, que j'aime bien. Je me retrouvais tout seul avec une bande de blaireaux, dont le nouveau. Ça m'a un peu mis en colère. Ils ne devraient pas séparer les copains comme ça. Ça perturbe. On devrait nous demander notre avis, vous ne croyez pas ?

– …

– Quand les rangs se sont formés, je me suis mis à côté du nouveau.

« Salut, que je lui dis, tu t'appelles comment ?

« – Gaspard. Et toi ?

« – Moi, c'est Anthony, Thony le Massacror au catch !

« J'ai fait une grimace de catcheur en gonflant les pecs. Ça l'a un peu déridé. Il a dû croire qu'on allait devenir copains. Je l'ai pris par l'épaule et je l'ai secoué comme si j'étais Bill le Concasseur, c'est mon catcheur préféré. Là, il a moins ri, ou alors jaune. Et puis je lui ai dit qu'on s'amuserait bien ensemble, surtout avec la prof d'anglais. Mon grand frère m'en avait parlé et m'avait dit qu'elle était complètement givrée. Chaque année, c'est pire. Les élèves la font tourner en bourrique, c'est la tête de Turc du collège. Pas la seule, mais la plus marrante à voir quand elle pète les plombs…

1 **jurer** *ici :* promettre – 2 **un carreau** le verre d'une fenêtre – 6 **faire l'appel** *m* appeler chaque élève par son nom – 10 **un blaireau** *ici : fam* un nul – 12 **perturber qn** jdn durcheinanderbringen – 15 **un rang** Reihe – 20 **gonfler les pecs** (*abrév de* pectoraux *mpl*) *fam* faire ressortir les muscles de la poitrine (Brust) – 21 **dérider qn** rendre qn plus cool, plus ouvert – 22 **une épaule** Schulter – 22 **secouer qc/qn** jdn/etw schütteln – 22 **un concasseur** un objet (*ici :* une personne) qui coupe qc en petits morceaux – 23 **rire jaune** gequält lächeln – 26 **givré, e** *fam* fou – 27 **faire tourner qn en bourrique** rendre qn fou – 27 **une tête de Turc** *ici :* une personne dont tout le monde se moque – 28 **péter les plombs** *mpl fam* s'énerver

Moi, je ne me fais pas remarquer. Les punitions, les colles, je laisse ça aux autres…

Il soupira et baissa le regard sur ses doigts qu'il ne se triturait plus. Il se sentait plus calme. Finalement, il aimait bien parler.

5 – Qu'est-ce que je disais ? Ah oui, Gaspard. Pour le premier cours, il s'est mis au premier rang, celui des fayots. Moi, je me mets toujours du côté du mur, pour avoir la meilleure vue et être tranquille quand j'ai envie de dormir ou de faire autre chose. Lui, il écoutait sagement, les bras croisés sur sa table. Je me demandais
10 comment j'allais m'amuser avec ce nul. Peut-être que j'en ferais mon larbin, comme dans les prisons. J'ai vu ça à la télé, les faibles deviennent les esclaves des forts. C'est une vraie jungle…

– Le collège aussi est une jungle ? demanda l'adulte.

– Non, quand même pas. En tout cas, pas le mien. Mais c'est vrai
15 que, d'une certaine manière, il vaut mieux pas avoir l'air faible.

– Et toi, tu es un fort.

– Bien sûr ! crâna l'adolescent en gonflant son biceps droit. À la récréation, je suis allé voir Gaspard, pour le provoquer un peu, histoire de voir ce qu'il avait dans les tripes. Je me méfiais un
20 peu quand même, parce que, comme vous me voyez, j'ai pas des muscles de catcheur. Gaspard est plus grand que moi et, même s'il est tout maigre, il est sûrement plus costaud. Mais, à l'intérieur, c'est mou. En tout cas, c'est l'impression que j'ai eue. Voilà, c'est tout. C'était le premier jour. Qu'est-ce que vous voulez que je vous
25 dise de plus ? C'est pas de ma faute s'il a une tête à claques.

---

1 **une colle** *ici : fam* Nachsitzen – 3 **triturer** toucher nerveusement – 6 **un fayot** *fam* un élève qui veut que le prof l'aime bien – 9 **sagement** *ici :* artig – 9 **les bras croisés** *mpl* mit verschränkten Armen – 11 **un larbin** *fam* qn qui doit faire tout ce que l'autre lui dit de faire – 17 **crâner** angeben – 19 **voir ce que qn a dans les tripes** *fpl* voir si qn a du courage – 19 **se méfier** *ici :* ne pas être vraiment sûr de soi, faire attention – 22 **maigre** ≠ gros – 22 **costaud, e** fort – 23 **mou, molle** ≠ dur

Gaspard

Gaspard n'aimait pas les jours de rentrée scolaire.

Il avait un caractère plutôt solitaire et réservé. Non pas qu'il fût spécialement sauvage ou misanthrope, mais il appréciait le calme et le silence, tout le contraire d'une cour d'école ou de collège. Ses grandes vacances, il les consacrait moins aux grasses matinées et aux jeux vidéo qu'à l'observation de la nature, avec sa paire de jumelles, chez son oncle qui possédait un grand domaine avec un étang et un bois. Et la nuit venue, si le temps le permettait, il sortait sa lunette astronomique pour observer le ciel, suivre les satellites, guetter les étoiles filantes… Si certaines mères se fâchent à l'heure du coucher pour que leur enfant lâche la télé ou l'ordinateur, la sienne c'était pour qu'il ferme son livre ou renonce à compter le nombre de vers luisants dans la pelouse.

Non, vraiment, il n'aimait pas ce retour à la vie sociale d'un enfant de douze ans, où il fallait raconter ses dernières vacances, parler de sa famille pour s'en vanter ou pour s'en plaindre, lorgner la marque des baskets de tel ou tel, ou encore se méfier des teigneux qui font la loi dans la cour. Cette année-là, plus que jamais il détesta la rentrée scolaire. Après le divorce de ses parents, qui s'était plutôt bien passé et dont, au moins consciemment, il n'avait pas trop souffert, il avait emménagé avec sa mère dans un petit pavillon d'un lotissement qu'on leur avait vanté comme le plus calme de la ville. Outre ce déracinement géographique, Gaspard entrait au collège, c'est-à-dire dans un monde inconnu et redouté,

1 **scolaire** → l'école – 2 **solitaire** → seul – 3 **sauvage** *ici :* qui n'aime pas la vie sociale – 3 **misanthrope** qui n'aime pas les êtres humains et préfère vivre seul – 5 **consacrer qc à qc** etw etw widmen – 5 **une grasse matinée** le fait de se lever tard – 6 **une paire de jumelles** *fpl* Fernglas – 7 **un domaine** *ici :* Landgut – 8 **un étang** Teich – 8 **un bois** *ici :* une forêt – 10 **guetter** chercher à voir – 10 **une étoile filante** Sternschnuppe – 10 **se fâcher** se mettre en colère – 12 **renoncer à faire qc** *ici :* arrêter de faire qc – 13 **un ver luisant** Glühwürmchen – 13 **la pelouse** l'herbe – 16 **se vanter de qc** mit etw prahlen – 17 **un teigneux** *fam* Fiesling – 18 **faire la loi** *ici :* être le plus fort et celui qui commande – 20 **consciemment** [kɔ̃sjamɑ̃] bewusst – 21 **souffrir** leiden – 22 **un pavillon** une maison – 23 **outre qc** en plus de qc – 23 **un déracinement** le fait de perdre ses *racines* (Wurzeln) – 24 **redouté, e** dont on a peur

par surcroît trop éloigné de sa précédente école pour qu'il espérât y côtoyer la moindre connaissance. Heureusement, un esprit curieux comme le sien trouverait sûrement quelque attrait à ce nouveau monde. Il allait pouvoir observer nombre de choses inconnues, découvrir de nouveaux domaines d'apprentissage, expérimenter le changement de professeur à chaque matière et, *in vivo*, le mélange avec des élèves venus d'un quartier dit difficile.

Pour le mettre dans l'ambiance, son angoissée de mère lui avait dressé une liste longue comme le bras des « dangers » qui l'attendaient. Quelques exemples : « Surtout, si tu vois un groupe de grands qui ont l'air de jouer les caïds, tu ne les regardes pas. Baisse les yeux et passe au large… Méfie-toi des garçons trop sympas… reste à distance des filles… Etc., etc., etc. » Si bien qu'il avait fini par en faire des cauchemars, de plus en plus pénibles à mesure que l'heure de l'épreuve approchait. Pour comble, cette maman prévenante l'avait habillé de neuf et coiffé comme un communiant.

Heureusement, pour lutter contre sa propre anxiété, Gaspard avait ses méthodes, qu'il avait lues dans l'un ou l'autre des magazines scientifiques auxquels il était abonné. La méthode du docteur Coué, recommandée pour renforcer la confiance en soi, était sa préférée. Elle consistait à se répéter en boucle des pensées positives ou des formules apaisantes. Ainsi, pour l'aider à affronter la foule du grand jour, avait-il utilisé celle-ci : « Tout va bien, je vais bien. Je n'ai pas peur. La rentrée, c'est sympa. Tout va bien, je vais bien. » Il faut reconnaître qu'il en avait tiré un certain apaisement, d'autant que ce « Tout va bien, je vais bien » lui rappelait le sketch de l'humoriste Dany Boon, *Le Déprimé*, qu'il trouvait irrésistible.

---

1 **par surcroît** de plus – 1 **éloigné, e** loin – 1 **précédent, e** d'avant – 2 **côtoyer** *ici :* retrouver – 2 **une connaissance** *ici :* qn qu'on connaît – 3 **un attrait** *ici :* qc d'intéressant – 5 **un apprentissage** → apprendre – 6 **in vivo** *lat* avec des exemples vivants – 8 **angoissé, e** qui a très peur – 11 **jouer les caïds** [kaid] *mpl* montrer aux autres qu'on est plus fort, plus dur – 12 **au large** loin – 14 **un cauchemar** un mauvais rêve – 15 **une épreuve** un test – 15 **pour comble** zu allem Überfluss – 16 **prévenant, e** zuvorkommend – 17 **un communiant** qn qui fait sa communion – 18 **lutter contre qn/qc** se battre contre qn/qc – 21 **recommandé, e** empfohlen – 22 **en boucle** ständig – 23 **apaisant, e** qui calme – 28 **irrésistible** *ici :* très drôle

Cela explique sans doute pourquoi, en franchissant la grille du collège, et malgré les ultimes recommandations anxiogènes de sa mère, il avait, sinon le sourire, du moins une mine relativement détendue.

Après l'appel, un garçon vint se placer à côté de lui dans le rang des sixième 3. C'était un petit brun, nerveux, le regard incisif, la bouche étirée en un rictus qui se voulait avenant, mais qui à l'évidence ne l'était pas. Gaspard perçut instantanément la menace. Il s'efforça pourtant de n'en rien laisser paraître. Le visage de cet élève ne lui était pas inconnu. Par la fenêtre de sa chambre, située à l'étage de sa nouvelle maison et qui donnait sur la rue, il l'avait vu frimer sur un vélo couvert d'autocollants, équipé de deux rétroviseurs de moto et, à l'arrière, d'une espèce d'antenne au bout de laquelle flottait un fanion. Pourquoi était-il venu près de lui alors qu'il avait l'air de connaître d'autres élèves qui se trouvaient en tête de rang ?

Au lieu de se présenter, il l'interpella :

– Salut, tu t'appelles comment ?

Gaspard n'aima pas ce ton effronté ; il répondit néanmoins avec gentillesse. Puis ce garçon, qui se prénommait Anthony, l'empoigna littéralement par les épaules pour le secouer « amicalement ». Gaspard comprit qu'il lui montrait ainsi sa force. Il se dit qu'Anthony aurait pu tout aussi bien lui faire tâter ses biscotos, il n'en aurait pas été moins ridicule.

Un professeur, une femme assez jeune au style plutôt décontracté, vint se planter devant le rang. Elle esquissa un sourire, puis fit avancer les élèves sous le préau, vers l'escalier menant aux salles de cours des étages. Dès qu'elle eut ouvert la porte de la classe où elle allait inaugurer l'année scolaire des sixième 3, les plus turbulents

---

1 **franchir** passer – 1 **une grille** ici : Torgitter – 2 **une recommandation** → recommandé p. 14 – 2 **anxiogène** angsterzeugend – 4 **détendu, e** relax – 6 **incisif, -ive** ici : méchant, agressif – 7 **un rictus** [ʀiktys] Grinsen – 7 **avenant, e** ansprechend – 8 **percevoir** sentir – 12 **frimer** fam eine Schau abziehen – 12 **un autocollant** Aufkleber – 13 **un rétroviseur** Rückspiegel – 14 **un fanion** Fähnchen – 17 **interpeller qn** jdn anfahren – 19 **effronté, e** arrogant – 20 **empoigner qn** jdn packen – 23 **tâter** toucher – 23 **un biscoto** fam un biceps – 25 **décontracté, e** relax – 27 **un préau** une cour couverte – 29 **inaugurer** ici : commencer

se précipitèrent pour s'emparer de ce qu'ils croyaient être les meilleures places. Gaspard commit l'erreur d'hésiter. C'était un de ses défauts, l'hésitation. Plus exactement, il lui fallait du temps pour prendre une décision. Un jour, son oncle avait mis un nom sur ce trait de caractère : réfléchi. Gaspard avait un tempérament « réfléchi ». Dans certaines circonstances, cela pouvait passer pour de l'indécision. En l'occurrence, il se retrouva assis au premier rang, ce qui de toute façon ne le gênait pas plus que cela. Il jeta un regard vers Anthony qui lui adressa un clin d'œil. Alors, l'avertissement de sa mère lui revint en mémoire : « Méfie-toi des garçons trop sympas. » Mais celui-là n'était pas sympa, il faisait semblant de l'être, et cela inspira un mauvais pressentiment à Gaspard.

Le premier cours de cette première année de collège commença et de manière plutôt agréable, ce qui permit à Gaspard de retrouver un petit peu d'optimisme.

À la récréation, Anthony s'approcha pour l'interpeller :

– T'habites où ?

Surpris, Gaspard répondit d'une voix un peu bredouillante :

– Je viens d'emménager avec ma mère dans un lotissement. Les rosiers.

Il sentit ses joues s'échauffer, non par timidité mais d'émotivité. La nuance était importante pour lui, car il considérait que la première était une faiblesse et la seconde une qualité, même si elle se traduisait parfois par des manifestations physiques un peu trop visibles.

– Sans blague ! s'exclama Anthony. Alors on est voisins. Tu m'inviteras chez toi ?

– Je ne sais pas. Oui, sûrement.

– Tu as quoi comme jeux ?

– Les échecs…

---

1 **s'emparer de qc** prendre qc – 5 **réfléchi, e** besonnen – 7 **en l'occurrence** in diesem Fall – 9 **un clin d'œil** Augenzwinkern – 9 **un avertissement** Warnung – 11 **faire semblant de faire qc** faire comme si on faisait qc – 12 **un mauvais pressentiment** ungutes Gefühl – 18 **bredouillant, e** ≠ clair – 21 **s'échauffer** *ici* : devenir rouge – 24 **une manifestation physique** un signe sur le corps – 30 **les échecs** *mpl* Schach

Anthony pouffa.

– Mais non, tête de nœud, comme jeux vidéo ?

– Pas grand-chose. Mon père m'en a offert quelques-uns, mais je les ai laissés chez lui. Je préfère les échecs. Je t'apprendrai, si tu veux.

– C'est ça, on lui dira, persifla Anthony. T'inquiète, j'apporterai les miens. Tu as la télé, au moins ?

– Bien sûr.

– Dans ta chambre ?

– Non. C'est complètement idiot d'avoir une télé dans sa chambre.

– Moi, j'en ai une ! Tes parents ne sont vraiment pas sympas de te priver de télé.

– Je ne suis pas privé de télé. Et puis mes parents sont…

– Je viendrai mercredi, en début d'aprèm, le coupa Anthony.

Sans attendre d'approbation, il lui donna une claque amicale dans le dos, puis s'éloigna. Gaspard soupira et pensa : « Eh bien ça y est, je me suis fait un copain. C'est Maman qui va être contente. »

---

1 **pouffer** losprusten – 2 **(une) tête de nœud** *fam vulg* Arschloch – 6 **persifler** spotten –
13 **priver qn de qc** *ici* : interdire à qn de faire qc – 16 **une approbation** un accord – 16 **une claque** *ici* : Klaps – 17 **soupirer** seufzen

Anthony

Anthony baissa la tête pour dissimuler son sourire.

– C'est sûr qu'on s'est bien marrés, chez Gaspard. Il m'attendait en début d'aprèm, mais je l'ai fait un peu poireauter. C'était trop drôle de le voir, planqué derrière sa fenêtre, à me regarder passer avec mes copains sur nos vélos customisés. Et puis vers quatre heures, on s'est pointés.

« Salut, c'est nous ! »

Il a eu l'air surpris qu'on soit trois. J'étais avec Jérémie et Hugo.

« On a apporté des jeux », c'est ce que je lui ai dit.

Et puis j'ai demandé s'il avait du Nutella et du Coca. Ce nul, il n'avait que du pain et de la confiture. Je déteste ça, moi, la confiture. Il n'avait qu'à avoir de quoi offrir un goûter normal à ses potes. On ne se serait pas amusés comme on l'a fait.

– Raconte-moi ce qui s'est passé dans la cuisine, demanda l'adulte, de l'autre côté du bureau.

Anthony haussa une épaule.

– On a rigolé. On est des enfants. Mais on n'a rien cassé ! Gaspard nous a dit que sa mère était au travail. C'est là que j'ai appris que son père était parti. Franchement, quand on voit la mère et le fils, on le comprend. Donc, avec mes copains, on s'est installés dans la cuisine. Gaspard a sorti son pot de confiture à l'orange… (Le garçon grimaça, puis ne put s'empêcher de rire.) Il n'a pas été déçu du voyage. Il a posé sur la table un paquet de pain de mie et des verres pour boire du sirop. Je me suis tartiné une tranche et puis… Vous imaginez la suite. On a joué. Normal, quoi.

– Sois plus précis. Tu as tartiné une tranche, et après ?

– Je lui ai fait le coup de la tarte à la crème. « Oh ! regarde. Y a une mouche dans la confiture. » Je lui ai montré ma tartine, il s'est penché et je la lui ai fait manger par le nez. On s'est pliés en

---

1 **dissimuler** cacher – 2 **se marrer** rigoler, s'amuser – 3 **faire poireauter qn** *fam* faire attendre qn – 4 **planqué, e** *fam* caché – 5 **customisé, e** *angl, fam pour un objet :* aufgemotzt – 6 **se pointer** *fam* arriver – 12 **un goûter** Zwischenmahlzeit (am Nachmittag) – 16 °**hausser les épaules** *fpl* mit den Schultern zucken – 22 **ne pas pouvoir s'empêcher de faire qc** ne pas pouvoir résister à l'envie de faire qc – 24 **le pain de mie** Toastbrot – 24 **tartiner** schmieren – 29 **une mouche** Fliege

quatre de rire avec mes copains. Pas lui, mais il n'a rien dit. Il s'est débarbouillé avec le doigt. Et il le léchait, comme ça… Après, c'est Jérémie qui a continué. Moi, j'y suis pour rien. Cet idiot a écrasé une tartine sur la tête à Hugo, qui a répliqué en lui balançant son verre de grenadine dans la figure. Ça a un peu dégénéré. On tournait autour de la table en se bombardant à coups de tranches de pain et d'abricots de la corbeille à fruits, comme si c'était des grenades. On a arrêté quand Hugo a dérapé sur le carrelage, à cause de la confiture, et qu'il s'est cogné le genou. C'est là qu'il est parti, avec Jérémie.

– Toi, tu es donc resté ?

– Oui. Mais j'ai aidé à nettoyer ! Après, Gaspard m'a proposé de monter dans sa chambre.

– Tu penses que ça l'a amusé, votre bataille dans la cuisine ?

– Puisqu'on a tout nettoyé, y a pas de mal.

Anthony laissa planer un long silence, avant de reprendre en dodelinant du chef :

– Ouais… peut-être qu'on n'aurait pas dû. Il tirait un peu la tête, mais c'était pas une raison. Moi aussi, ça m'arrive de faire des bêtises chez moi ou chez mes copains, et j'en fais pas un fromage. En tout cas, je n'ai jamais eu envie de pleurer, comme lui.

– Parce qu'il a pleuré ?

– Non, mais il était à deux doigts. En plus d'être un nul, c'est une chochotte. Après le goûter, on est donc montés dans sa chambre. Il a plein de BD et de livres, mais ce que j'ai trouvé le plus intéressant, c'est sa collection de coquillages. Très chouette…

---

1 **se pencher** sich beugen – 1 **se plier en quatre de rire** sich krümmen vor Lachen – 3 **se débarbouiller** se nettoyer le visage – 3 **lécher** (ab)lecken – 4 **écraser** *ici :* zermanschen – 6 **dégénérer** ausarten – 9 **une grenade** Granate – 9 **déraper** ausrutschen – 9 **le carrelage** Fliesen – 10 **se cogner qc (contre qc)** sich etw (an etw) stoßen – 10 **le genou** Knie – 18 **dodeliner du chef** faire un mouvement de la tête – 19 **tirer la tête** *fam* ne pas avoir l'air content – 21 **faire un fromage de qc** *fam* großen Wirbel aus etwas machen – 24 **être à deux doigts de faire qc** presque faire qc – 25 **une chochotte** *fam ici :* qn qui est trop sensible – 27 **un coquillage** Muschel

Gaspard

Gaspard était collectionneur de coquillages, un vrai passionné. Chaque fois qu'une pièce supplémentaire venait orner l'étagère qui leur était réservée dans son placard, il passait des heures à rassembler des informations sur son origine et ses caractéristiques.
Il était si fier de sa collection que, malgré l'incident de la cuisine, il ne put s'empêcher de la montrer à Anthony.

– Wouha ! La collec ! s'extasia le garçon. Y en a combien ?

– Soixante-huit. Ils viennent du monde entier.

– Ça c'est du coquillage ! Même dans les livres, on n'en trouve pas de si beaux.

Gaspard se détendit et le remercia, rougissant une fois encore.

– Il vient d'où celui-là ? demanda Anthony, en s'emparant brusquement d'une coquille de nautile.

– De Madagascar. Euh… s'il te plaît, il vaut mieux ne pas toucher.

Gaspard tenta de la lui reprendre des mains, mais Anthony esquiva.

– Minute ! Je peux bien le regarder. Je vais pas le manger.

– Non, mais c'est fragile. Repose-le, s'il te plaît.

De nouveau sans succès, Gaspard tenta de reprendre son bien. En se détournant vivement, son visiteur laissa échapper le coquillage qui tomba sur la moquette. Gaspard se jeta dessus en hurlant une insulte et récupéra son trésor qu'il examina avec minutie. Rassuré, il le replaça sur son support. Il tenta de refermer son placard à merveilles, mais Anthony lui causa une nouvelle poussée d'adrénaline en bloquant le battant.

– Tu m'en donnes un ?

– Euh… une autre fois.

– Allez, sois sympa.

2 **supplémentaire** en plus – 2 **orner** décorer – 5 **fier, fière** stolz – 11 **se détendre** → détendu (p. 15) – 16 **tenter** essayer – 17 **esquiver** ausweichen – 21 **vivement** *ici :* rapidement – 22 **la moquette** Teppichboden – 22 °**hurler** crier – 24 **rassuré, e** beruhigt – 24 **un support** un socle – 25 **causer** *ici :* provoquer – 26 **un battant** *ici :* une porte du placard

– Ceux-là sont tous des pièces uniques, ceux auxquels je tiens le plus. Je t'en apporterai un la semaine prochaine. J'ai laissé mon stock chez mon père.

– Je suis ton copain, oui ou non ?

Gaspard pensa : « Sûrement pas ! » Puis : « Il faut que je me débarrasse de cette sangsue. » Et soudain, Anthony s'empara d'un coquillage en forme de cône, hérissé de fines excroissances de nacre beige.

– Celui-là, il est chouette !

– Oui, mais repose-le, Anthony !

– Donner, c'est donner. Reprendre, c'est voler !

– Mais je ne t'ai rien donné.

– Si. T'as dit oui !

– Rends-le-moi !

Gaspard hésitait à se jeter sur ce parasite, car la dentelle de ce *Siratus alabaster* était très fragile. Il tenta à nouveau, d'une voix presque suppliante, de convaincre le garçon de lui rendre l'une des pièces maîtresses de sa collection. En vain. Puis tout d'un coup, Anthony lâcha :

– Oh, ça va ! Je ne suis pas un voleur. Le voilà ton coquillage…

Il le tendit à Gaspard, puis l'escamota à l'instant où celui-ci allait s'en emparer.

– Ah non, il est là.

Il le leva à bout de bras. Puis le cacha dans son dos, et tout en rigolant se mit à sautiller à travers la pièce, talonné par un Gaspard rouge comme une écrevisse. Puis soudain, il annonça :

– Allez, je te le rends. C'était juste pour rire.

Craignant une nouvelle esquive, Gaspard s'en saisit avec un peu trop de force et cassa l'une des excroissances.

---

3 **un stock** Vorrat – 6 **se débarrasser de qn/qc** etw/jdn loswerden – 6 **une sangsue** [sãsy] Blutegel – 7 **un cône** Kegel – 7 **hérissé, e de** couvert de – 7 **une excroissance** Wucherung – 8 **la nacre** Perlmutt – 15 **la dentelle** *ici : fig* Spitze – 17 **suppliant, e** flehend – 17 **convaincre** überreden, überzeugen – 18 **une pièce maîtresse** une pièce principale, l'une des plus importantes – 18 **en vain** sans succès – 21 **tendre** *ici :* présenter – 21 **escamoter qc** faire disparaître qc – 25 **sautiller** → sauter – 25 **talonner qn** suivre qn – 26 **rouge comme une écrevisse** très rouge (**une écrevisse** Flusskrebs) – 28 **craindre qc** avoir peur de qc – 28 **se saisir de qc** attraper qc

Anthony

– C'est pas moi qui lui ai cassé son coquillage ! Ce crétin, il a cru que je l'avais fait exprès, mais c'est pas vrai ! Il m'a traité de… Il a employé des gros mots que je ne peux pas répéter. Je l'ai laissé avec ses livres et ses collections, et je suis allé retrouver mes copains dans la rue. Voilà, monsieur, c'est tout ce que j'ai à dire sur ce mercredi.

– Selon toi, Gaspard a-t-il eu tort de protester ?

– Oui, parce que je ne voulais pas le lui voler, son coquillage. Je m'en fiche, moi, des coquillages. C'est là qu'il a commencé à vraiment m'énerver. Je suis désolé, monsieur. Je suis comme ça, j'aime pas qu'on me traite de voleur.

– Parce que tu n'en es pas un ?

– …

– Pourtant, le lendemain…

– Je vous vois venir. Mais c'était pas du vol, c'était une blague. Il l'a retrouvé, son sac, non ? Alors ?

– Où ?

– Dans les chio… euh, pardon, les toilettes des filles. Le plus marrant, c'est quand il a dû aller le chercher. C'était pendant la grande récréation du matin. Il courait partout. Avec les autres garçons de la classe, on trouvait ça drôle de le voir courir d'un coin à l'autre du préau en se grattant le front. Et puis j'ai demandé à Hugo d'aller lui dire qu'il avait vu quelqu'un entrer avec dans les toilettes des filles, mais ressortir sans. Gaspard a dû comprendre que c'était une farce, parce qu'il m'a jeté un regard méchant. Il est allé dans les toilettes et, comme il a dû ouvrir des portes pour trouver son sac, ça a fait hurler quelques filles. Pendant ce temps, moi et mes copains, on a ameuté toute la cour. Gaspard est sorti sous les huées. En plus, j'avais fait pipi sur son cartable, il était tout dégoulinant… Oui, je sais, c'est pas très fin, mais j'étais pas le seul

---

1 **un crétin** *fam* un idiot – 6 **avoir tort** ≠ avoir raison – 8 **se ficher de qc** ≠ s'intéresser à qc – 18 **marrant** drôle, amusant – 21 **se gratter** sich kratzen – 21 **le front** Stirn – 24 **une farce** Streich – 27 **ameuter qn** jdn alarmieren – 28 **les °huées** *fpl* höhnisches Gelächter – 29 **dégoulinant, e** tropfend – 29 **fin, e** *ici* : intelligent

à me moquer. Je crois que les autres hurlaient encore plus fort que moi. Le principal adjoint qui passait par là est venu voir ce qui arrivait. Il a demandé des explications. « C'est Gaspard qui va dans les toilettes des filles », qu'on lui a expliqué.

– On ?

– Oui, enfin… je. Gaspard était blanc, j'ai cru qu'il allait tomber dans les pommes. Le principal adjoint l'a amené dans son bureau pour s'expliquer avec lui.

– Est-ce que Gaspard t'a dénoncé ?

–Il n'avait pas intérêt. Je lui ai montré mon poing et fait signe de la boucler. Et comme c'est un trouillard, il l'a fermée.

Un long silence s'instaura, puis l'adulte demanda :

– Si tu devais décrire cette farce, comment la qualifierais-tu ?

– Que je n'aurais jamais dû la faire.

– Ce n'est pas ce que je te demande. Tu sais que nous ne sommes pas là pour te juger. C'est notre accord, tu te souviens ? Tu me parles librement, avec franchise, comme si j'étais une sorte de confident, d'ami intime à qui tu peux tout dire. En contrepartie, moi je ne prends aucune note, je ne te critique pas ni ne ferai rien pour que tu sois sanctionné. Il faut juste que nous essayions de comprendre ce qui s'est passé et pourquoi ton embrouille avec Gaspard s'est aggravée au point que… que tu te retrouves ici. Reprenons. Si tu devais décrire cette blague du cartable dans les toilettes des filles, quel mot emploierais-tu ?

– Je ne sais pas, moi… Méchant ? C'était une méchanceté.

– C'est quoi, la méchanceté ?

Anthony fit mine de ne pas savoir, mais, intérieurement, il voyait bien où cet homme voulait l'amener.

– Je ne suis pas méchant, dit-il. Ou alors juste pour rire.

---

1 **se moquer de qn/qc** sich über jdn/etw lustig machen – 2 **le principal adjoint** celui qui assiste le principal – 6 **tomber dans les pommes** *fpl fig* ohnmächtig werden – 10 **il n'a pas intérêt (à faire qc)** c'est mieux pour lui s'il ne fait pas qc, sinon… – 10 **un poing** Faust – 11 **la boucler** *fam* fermer la bouche, ne rien dire – 11 **un trouillard** *fam* ≠ une personne courageuse – 13 **qualifier** caractériser – 17 **la franchise** Offenheit – 18 **un confident** qn à qui on dit ses secrets – 22 **s'aggraver** devenir plus grave – 27 **faire mine de faire qc** faire comme si on faisait qc

– J'ai là un dictionnaire. J'aimerais que tu me lises la définition.

– Si vous voulez.

L'adulte sortit d'un tiroir de son bureau un ouvrage épais qu'il fit glisser sur le bois ciré jusque sous le nez d'Anthony. L'adolescent l'ouvrit, chercha, puis lut sur le ton de la récitation :

– « Méchanceté. Nom féminin. Caractère, comportement d'une personne méchante, encline à faire du mal à autrui. Action, parole méchante. Faire des méchancetés. »

– Très bien. Selon toi, est-ce que c'est une méchanceté de jeter le cartable d'un élève dans des toilettes et de faire pipi dessus ?

– Ben oui.

– Qu'est-ce que ça apporte à celui qui le fait ?

Anthony dévisagea son interlocuteur, déconcerté par la question. L'homme attendit patiemment qu'il réponde. Sur son visage que l'âge avait commencé à marquer, ne se lisait aucune expression particulière, hormis peut-être une certaine curiosité. Anthony s'en sentit valorisé, car il aimait ça, qu'on s'intéresse à lui.

– Ça fait rigoler. C'est amusant… En tout cas, là, c'était amusant.

– Pour celui qui commet la méchanceté, je n'en doute pas. Mais pour celui qui la subit ?

– C'est moins drôle, forcément, sauf s'il a de l'humour.

– Et tu penses que Gaspard manquait d'humour ?

– Ah, ça, oui !

L'homme laissa planer un silence, puis il reprit :

– Continue ton récit. Qu'est-ce que tu lui as fait comme autre farce ?

– Après, c'était plus des farces.

– C'était quoi ?

– La vengeance…

---

3 **un ouvrage** un livre – 4 **faire glisser** *ici :* pousser – 4 **ciré, e** *ici :* poliert – 5 **la récitation** Aufsagen – 6 **un comportement** une attitude – 7 **être enclin, e à faire qc** dazu neigen etw zu tun – 7 **autrui** les autres – 13 **déconcerté, e** aus der Fassung gebracht – 16 °**hormis** sauf – 16 **la curiosité** l'intérêt – 17 **valoriser** aufwerten (→ une valeur) – 20 **commettre** faire – 20 **douter** ≠ être sûr – 21 **subir** *ici :* erleiden – 26 **un récit** une histoire – 30 **une vengeance** une revanche

Gaspard

Gaspard avait appris, notamment de son grand-père qui était un homme doux et sage, que la haine et la rancune sont les sentiments humains parmi les plus dangereux. Ils agissent comme des parasites de l'âme. Ils rendent fou celui qui les nourrit. Ils sont comme des bombes à retardement sur lesquelles on s'assoit en croyant bêtement que c'est l'autre, l'ennemi à abattre, qui sera détruit. Gaspard n'avait rien oublié de ces précieux enseignements, mais il était dans un tel état de chagrin et de colère, qu'il n'était plus en mesure d'en tenir compte. La sangsue Anthony venait de partir ce mercredi après-midi, nullement confus d'avoir transformé en cauchemar, avec ses deux copains, sa première visite à son « camarade » de collège et nouveau voisin.

Penché sur son bureau, tel un moine enlumineur, la vue brouillée par les larmes, reniflant et serrant les dents, Gaspard tentait de recoller les morceaux brisés du plus beau coquillage de sa collection. Quand il eut fini, il s'assit sur son lit et, le regard bas, rumina les plus sombres vengeances.

Le lendemain matin, en entrant dans le collège, des éclairs de colère lui jaillissaient encore des yeux. Son visage, plus pâle que d'ordinaire, était marqué de fatigue, après une nuit où il n'avait dormi qu'en pointillé. Quand il aperçut Anthony en train de discuter avec des garçons de leur classe, il perdit tous ses moyens et préféra faire semblant de l'ignorer. Il alla discuter avec Clément, un élève d'une autre sixième avec lequel il avait sympathisé. La sonnerie retentit pour la mise en rang. Anthony vint alors se placer

---

1 **notamment** *ici :* avant tout – 2 **doux, douce** *ici :* sanft – 2 **sage** weise – 2 **la °haine** Hass – 2 **la rancune** Groll – 4 **l'âme** *f* Seele – 5 **une bombe à retardement** *m* une bombe programmée pour exploser plus tard – 6 **abattre** *ici :* tuer – 7 **un enseignement** une leçon, qc qu'on a appris – 8 **le chagrin** la tristesse – 8 **être en mesure de faire qc** être capable de faire qc – 9 **tenir compte de qc** etw berücksichtigen – 13 **un moine** un homme religieux – 13 **enlumineur** der Buchmalerei betreibt – 14 **brouillé, e** *ici :* rendu peu clair – 14 **une larme** Träne – 14 **renifler** *ici :* schniefen – 14 **serrer** *ici :* zusammenbeißen – 15 **brisé, e** cassé – 17 **ruminer qc** *ici :* über etw brüten – 19 **jaillir de** sortir de – 20 **d'ordinaire** normalement – 21 **en pointillé** *ici :* par petits moments – 22 **perdre tous ses moyens** *mpl* perdre tout son courage

juste derrière lui, presque à le toucher, afin de pouvoir l'injurier à l'oreille :

– Dis, le minus, on ne t'a jamais dit que tu ressemblais à une limace, tu sais les grosses molles orange. Beurk ! Tu ne dégobilles pas quand tu te regardes dans une glace ?

À sa droite, Hugo gloussait à chaque insulte de son copain. Une fille finit par réagir.

– Ça suffit, Anthony ! Si tu te crois malin…

Cela fit son effet puisque le garçon se tut, à moins que ce ne fût parce que le professeur d'histoire leur demanda de faire silence.

Les deux heures qui suivirent furent assez passionnantes pour aider Gaspard à oublier un peu ses soucis.

Il ne s'attendait pas à ce qu'Anthony, qu'il surnommait désormais « la Teigne », revienne à la charge avec une attaque parfaitement odieuse. Profitant d'un moment d'inattention de Gaspard, il lui vola son sac durant la récréation. Puis il alla le jeter dans une cuvette des toilettes des filles, et, comme cela ne suffisait pas, il urina dessus. La plaisanterie fit hurler de rire un groupe d'élèves, que la Teigne n'avait eu aucune difficulté à mobiliser et à transformer en meute aboyante. Mais le pire survint lorsque le principal adjoint intervint. Il convoqua la victime dans son bureau pour, comble d'humiliation, le sermonner comme un chenapan « pour avoir semé la panique chez les filles ». Gaspard avait hésité à dénoncer Anthony, puis finalement il s'était tu, se disant que ce « pauv' mec » finirait bien par se lasser, ou par trouver une nouvelle victime.

1 **injurier qn** insulter qn – 4 **une limace** Nacktschnecke – 4 **dégobiller** *fam* (aus)kotzen – 5 **une glace** *ici* : un miroir – 8 **malin, maligne** schlau – 9 **se taire** arrêter de parler – 11 **passionnant, e** très intéressant – 12 **un souci** Sorge – 14 **une teigne** *fam* Giftschlange (→ un teigneux p. 13) – 14 **revenir à la charge** attaquer de nouveau – 15 **odieux, -euse** horrible, révoltant – 17 **une cuvette** *ici* : Toilettenschüssel – 18 **une plaisanterie** une blague – 20 **aboyant** bellend – 21 **comble d'humiliation** Gipfel der Demütigung – 22 **sermonner qn** jdm eine Strafpredigt halten – 22 **un chenapan** Lausbub – 25 **se lasser** en avoir genug

Plus tard dans la journée, en se rendant au cours de gymnastique, Anthony et ses deux sbires, qui n'étaient pas foncièrement mauvais mais plutôt bêtes à manger du foin, lui emboîtèrent le pas sur le chemin de la salle de sport. Ils se mirent à lui faire des croche-pattes en ricanant. Une fois dans le vestiaire, Anthony le couvrit d'injures particulièrement blessantes. Il est d'ailleurs assez remarquable de constater combien les êtres de son espèce ont le don de taper là où ça fait le plus mal. En l'occurrence, Gaspard nourrissait un complexe sur sa maigreur, notamment celle de ses jambes aux genoux un peu cagneux.

Anthony interpella les garçons de la classe :

– Eh, les copains ! Vous savez comment on va l'appeler, Gaspard ? Squelettor ! Regardez ça : on lui voit les côtes, et il a des cannes de Somalien.

Quelques-uns rirent, deux ou trois haussèrent les épaules. Anthony trouva ensuite très amusant de matraquer Gaspard à coups de *Squelettor*, y compris pendant que le prof de gym donnait les consignes à ses élèves qu'il avait fait asseoir devant lui, au bord du terrain de sport.

– Squelettor, Squelettor, Squelettor…

– Arrêêête ! s'écria soudain Gaspard à bout de patience.

– Et alors, ça ne va pas de crier comme ça ! protesta le prof.

– C'est Anthony, monsieur, il n'arrête pas de me traiter de…

– Je ne veux pas le savoir, l'interrompit-il. Debout tous les deux. Vous me faites trois tours de terrain, et vous serez chargés des ballons. Allez, et que je ne vous voie pas marcher.

2 **un sbire** Scherge – 2 **foncièrement** totalement – 3 **le foin** l'herbe que mangent les animaux – 3 **emboîter le pas à qn** suivre qn – 4 **faire un croche-patte / un croche-pied à qn** jdm ein Bein stellen – 5 **ricaner** rire bêtement – 5 **un vestiaire** la salle où on change de vêtements pour faire du sport – 5 **une injure** → injurier p. 26 – 7 **un don** *ici :* un talent – 7 **taper** *ici :* treffen – 9 **la maigreur** → maigre p. 12 – 10 **cagneux, -euse** *pour un genou :* nach innen gerichtet – 13 **une côte** *ici :* Rippe – 14 **une canne** Stock, *ici :* une jambe très maigre – 16 **matraquer qn à coups de** *ici :* ne pas arrêter d'attaquer qn avec des insultes – 18 **une consigne** *ici :* Anweisung – 21 **à bout de** qui n'a plus de – 25 **être chargé, e de qc** *ici :* mit etw beauftragt sein

Ronchonnant, les deux élèves se levèrent, puis s'élancèrent mollement sur la piste d'athlétisme.

– Ça, tu vas me le payer, grinça Anthony. Je vais t'en faire baver comme t'as pas idée.

– Qu'est-ce que je t'ai fait ? Pourquoi tu me harcèles comme ça ?

– Je peux pas te blairer. T'es qu'une chiffe, un minus, un… Squelettor !

La Teigne éclata de rire et accéléra. Tout en le regardant s'éloigner, Gaspard se demanda ce qu'il pouvait faire pour mettre un terme à cet acharnement. Dénoncer son tourmenteur ? Mais à qui ? Il venait de tenter de le faire et n'avait obtenu que d'être puni, comme lui, et sans doute mal jugé par l'enseignant qui détestait les dénonciateurs. En parler à sa mère n'était même pas envisageable. La pauvre en ferait une dépression, dramatiserait inutilement l'affaire et surtout le plongerait dans un embarras encore plus grand en dénonçant Anthony au principal. Convaincu de son impuissance et de l'impossibilité de trouver une solution, il éprouva pour la première fois un tel malaise qu'il lui sembla que son plexus était comme broyé par une main de fer… jusqu'à la nausée. C'était cela qu'on appelait l'angoisse.

---

1 **ronchonner** meckern – 2 **mollement** sans motivation (→ mou p. 12) – 3 **payer** *ici :* büßen – 3 **faire baver qn** *fam* faire souffrir qn – 5 °**harceler qn** *ici :* jdn mobben – 7 **ne pas pouvoir blairer qn** *fam* ne pas pouvoir supporter qn, détester qn – 7 **une chiffe (molle)** *fam* Memme – 10 **mettre un terme à qc** mettre fin à qc – 11 **l'acharnement** *m ici :* Quälerei – 11 **un tourmenteur** celui qui fait souffrir qn – 15 **envisageable** pensable, faisable – 16 **l'embarras** *m* la gêne – 18 **l'impuissance** *f* le fait de ne pouvoir rien faire – 19 **un malaise** *ici :* Unbehagen – 20 **broyer qc** etw zerquetschen – 20 **le fer** Eisen – 21 **la nausée** Übelkeit

Anthony

– Qu'est-ce que ça m'a fait la première fois que je l'ai tapé ? Rien. Mais lui, ça l'a secoué, je peux vous le dire. Il en a pleuré comme un mioche. D'ailleurs, je ne m'y attendais pas. Ça s'est passé dans un couloir du collège. C'était juste avant la sortie. Je ne sais plus pourquoi, mais je lui ai retourné une gifle, qu'il en a eu la joue rouge pendant un bon moment.

– Tu n'as vraiment rien éprouvé, même pas une pointe de regret ? Ou peut-être du plaisir ?

– Du plaisir ? Quand même pas. Je suis pas sadique.

– Est-ce que tu as recommencé ?

Le garçon baissa le nez.

– Ouais, un peu. Mais jamais fort. Quand on cogne, il ne faut pas laisser de trace. Ce qui fait le plus mal, c'est le coup au plexus, en mettant le doigt comme ça…

Il montra son poing droit, dont ressortait le majeur replié.

– Tu n'as pas eu peur qu'il se défende, qu'il te rende les coups que tu lui donnais ?

– Il avait bien trop la trouille !

– C'est pour cela que tu as continué ?

– J'ai pas *continué*. Mais de temps en temps, c'est vrai… Bing ! Une frite derrière la tête. Vlan ! Une claque dans le dos. Et hop ! Un petit coup d'épaule dans l'escalier. Rien de vraiment méchant. Vous savez, c'est souvent qu'entre nous on se donne des coups, comme ça, juste pour rire.

– Juste pour rire, répéta l'adulte.

– Oui, je sais, je dis souvent ça… Moi, quand j'en reçois, une baffe, j'en fais pas tout un plat.

---

1 **taper** *ici :* battre – 2 **secouer qn** *ici :* provoquer un choc, un traumatisme chez qn – 3 **un mioche** *fam* un enfant – 5 **une gifle** Ohrfeige – 7 **éprouver** sentir, ressentir – 7 **le regret** Reue, Bedauern – 12 **cogner** frapper, battre qn – 15 **le majeur** *ici :* Mittelfinger – 15 **replié, e** *ici :* angewinkelt – 18 **avoir la trouille** *fam* → un trouillard p. 23 – 21 **une frite** *ici : fam* un coup – 27 **une baffe** *fam* une gifle – 27 **faire tout un plat de qc** viel Wind um etw machen

– Comment les autres élèves de la classe réagissaient-ils quand tu t'en prenais à Gaspard, hormis tes deux copains ?

– Je crois que la plupart s'en fichaient. Ils ne voulaient pas s'en mêler. Un jour, il y a eu une bagarre. J'avais chipé le goûter que Gaspard avait commencé à déplier, des biscuits au chocolat dans un papier d'alu. Ça ne lui a pas plu, alors il s'est jeté sur moi, comme un sauvage, pour me les reprendre. On est tombés et on a roulé sur des cartables en se fichant des coups. Les autres se sont mis à crier et à se marrer. C'est toujours comme ça quand il y a une bagarre.

– Ils étaient de quel côté, à ton avis ?

– Je ne sais pas, mais y en avait plusieurs qui filaient des coups de pied à Gaspard, ni vu ni connu. Je peux vous dire qu'à moi, ils ne l'auraient pas fait.

– Ça s'est terminé comment ?

– Je sais plus.

Un long silence s'écoula puis, la mémoire ne semblant pas revenir à l'adolescent, l'adulte reprit la parole :

– Un des garçons de ta classe m'a raconté qu'un surveillant vous avait séparés, et que tu avais accusé Gaspard de lui avoir volé tes gâteaux. C'est vrai ou ce serait ce témoin qui aurait mal entendu ?

– Ouais, bon, je regrette d'avoir menti au surveillant. Je n'aurais pas dû.

– Pourquoi ? Finalement, ça t'a évité d'être puni à la place de Gaspard.

– Oui, mais quand même, ça ne se fait pas.

– Au nom de quoi ?

Anthony fixa l'adulte, et sans ciller répéta :

– Ça se fait pas, c'est tout.

---

4 **se mêler de qc** *ici :* sich in etw einmischen – 4 **une bagarre** une bataille, une dispute – 4 **chiper** *fam* prendre, voler – 5 **déplier** *ici :* ouvrir – 7 **un sauvage** ≠ une personne civilisée – 13 **ni vu ni connu** *fam* heimlich, still und leise – 21 **un témoin** qn qui a vu ce qui s'est passé – 24 **éviter** vermeiden, *ici :* ersparen – 27 **Au nom de quoi ?** *expr* Mit welcher Begründung? – 28 **sans ciller** sans bouger, sans montrer d'émotion

Gaspard

Gaspard dormait de plus en plus mal. Mais le plus difficile pour lui était de combattre ces nausées qui désormais l'assaillaient systématiquement à l'approche du collège. Sa mère avait remarqué son changement d'attitude, l'avait questionné et lui avait même fait prendre sa température… Il finit par réussir à lui faire croire que ses petites indispositions étaient seulement liées aux horaires du collège, auxquels il avait un peu de mal à s'habituer. Et il lui avait juré qu'il était super content et que ça passerait vite. Pour l'aider à surmonter ce cap, qu'elle attribuait principalement à sa croissance, elle lui avait fait commencer une cure de vitamines.

Ce matin-là, avant le début des cours et pour la première fois depuis son entrée en sixième, il dut se précipiter dans les toilettes pour vomir. Ses angoisses ainsi évacuées, il s'était senti mieux, et ce fut presque avec le sourire qu'il retrouva son copain Clément, lequel, du coup, ne se rendit compte de rien.

– Ça se passe comment avec la Teigne ? s'enquit-il. Il a fini par comprendre qu'il devait te ficher la paix ?

– Ouais, ouais. C'est terminé.

Gaspard changea vite de sujet, de peur que son estomac ne se torde à nouveau. Plus tard, à la fin du cours de maths, le persécuteur remit ça…

– Aïe ! Quel con ! lâcha Gaspard en portant vivement la main à sa nuque.

Le garçon n'eut pas besoin de se retourner pour savoir d'où venait cette boulette de papier. Anthony était sûrement en train de ricaner en tapant son voisin du coude.

---

2 **désormais** von nun an – 2 **assaillir qn** attaquer qn – 6 **une indisposition** *ici :* le fait de se sentir mal – 6 **être lié, e à qc** *ici :* s'expliquer par qc – 9 **surmonter** überwinden – 9 **un cap** *ici :* un moment critique – 9 **attribuer qc à qc** *ici :* s'expliquer qc par qc – 10 **la croissance** le fait de grandir – 13 **vomir** sich übergeben – 13 **évacuer qc** laisser sortir qc – 15 **se rendre compte de qc** réaliser qc, voir qc – 16 **s'enquérir (de qc/qn)** vouloir s'informer sur qc/qn – 17 **ficher la paix à qn** laisser qn tranquille – 20 **se tordre** *ici :* sich umdrehen – 21 **un persécuteur** Verfolger – 21 **remettre ça** *fam* recommencer – 23 **la nuque** Nacken – 26 **le coude** Ellbogen

– Gaspard, c'est vous qui avez poussé ce cri ? demanda le professeur sans se retourner.

Un marqueur à la main, il continuait à tracer au tableau le prochain cauchemar d'une bonne partie de la classe : les équations à résoudre pour le lendemain. Il se retourna pour toiser le présumé coupable d'un regard sévère.

– Si c'est de moi que vous parlez, ce n'est pas très flatteur.

– Oh ! Non, monsieur. C'est pas à vous que je… C'est…

L'élève jeta un coup d'œil par-dessus son épaule. Le lanceur de la boulette, trois tables plus loin, lui montra le poing avec un air mauvais.

– C'est rien, je me suis mis le doigt dans l'œil, prétexta Gaspard avec une sincère innocence.

La classe éclata de rire et lui se vit gratifié d'une copieuse série d'équations supplémentaires. Et la sonnerie de fin des cours retentit.

Les élèves quittèrent la salle dans la précipitation habituelle. Gaspard fut le seul à prendre son temps pour ranger ses affaires. Le professeur faisait de même, ne lui prêtant en apparence aucune attention. S'il osait, Gaspard lui révélerait ce qui, en vérité, l'avait fait crier. Par la même occasion, il lui raconterait comment sa vie scolaire était devenue un cauchemar à cause de cette brute d'Anthony Mignard qui le persécutait avec une cruauté consommée.

Le professeur ferma son cartable, puis se dirigea vers la porte.

– Au revoir, Gaspard, lança-t-il sans le regarder. Faites bien attention : à la prochaine pitrerie, c'est la colle ! Allez, dehors.

Le collégien ouvrit la bouche pour s'expliquer. Mais aucun son ne franchit sa gorge, serrée comme par la main d'Anthony. La

---

4 **une équation** *ici :* Gleichung – 5 **résoudre qc** trouver la solution à qc – 5 **toiser qn** regarder qn sans sympathie – 5 **un présumé coupable** Tatverdächtiger – 7 **flatteur, -euse** schmeichelhaft – 12 **prétexter qc** donner une fausse raison – 14 **se voir gratifié, e de qc** *ici :* obtenir qc comme punition – 14 **copieux, -euse** *ici :* grand, important – 19 **en apparence** *f* scheinbar – 20 **oser (faire qc)** avoir le courage de faire qc – 20 **révéler qc** dire la vérité à propos de qc – 23 **persécuter qn** → un persécuteur p. 31 – 24 **consommé, e** *ici :* très grand – 27 **une pitrerie** une bêtise – 29 **serrer** *ici :* zuschnüren

veille, il l'avait étranglé jusqu'à la limite de la syncope, pour jouer, « juste pour rire », selon son expression favorite. Gaspard se massa machinalement le cou. Sans un mot et tête basse, il passa devant l'enseignant qui ferma la salle à clé. « Ce ne sera pas pour cette fois, mais un jour je le ferai », se promit-il. Puis il s'encouragea mentalement, façon méthode Coué : « J'ai pas peur, je suis un homme. J'ai pas peur, je suis un homme. » Le couloir était désert. Il soupira de soulagement. Son persécuteur était sans doute parti, se disant que Squelettor avait été retenu par l'enseignant pour une sévère remontée de bretelles.

Une porte claqua, le faisant sursauter. Son cœur se mit à battre plus vite, et plus vite encore une fois dans la cour. Les cours se terminant à midi le mercredi, il se dirigea vers l'abri à deux-roues du collège. Il y retrouva son vélo, l'enfourcha pour rentrer chez lui. Depuis qu'elle l'avait autorisé à se rendre seul à l'école, sa mère exigeait qu'il mette son casque lorsqu'il montait sur son VTT. Mais, dès qu'il sortait du lotissement des rosiers, il s'empressait de l'enlever, se trouvant déjà assez ridicule au quotidien. Alors qu'il franchissait les grilles sans être inquiété, Anthony surgit sur son propre VTT couvert d'autocollants.

– Alors, Gaspounet, on se met le doigt dans l'œil comme les gogols ?

La Teigne éclata de rire. Gaspard fit semblant de l'ignorer et démarra. L'autre s'élança dans sa roue, zigzaguant et lui lançant des quolibets. À chaque arrêt forcé, pour un stop ou un feu rouge, Anthony venait se placer à côté de lui pour l'insulter et lui donner de grandes claques dans le dos. Excédé, Gaspard finit par lancer à la face de son bourreau :

– Fiche-moi la paix, salaud ! Un jour, je te jure que tu le regretteras.

– Ohoo ! J'ai très peur ! Gaspounet se rebelle. Avance donc, c'est vert.

Le feu était en vérité encore au rouge. Gaspard ne se laissa pas abuser. Pourtant, il se dressa sur ses pédales et franchit le carrefour sans se préoccuper de la circulation. Une voiture l'évita de justesse en klaxonnant furieusement. Ce fut alors comme le coup d'envoi d'une course-poursuite infernale. Anthony pourchassa son souffre-douleur en criant et en s'esclaffant le plus fort possible. Espérant échapper à son poursuivant, Gaspard s'engagea dans une rue en sens interdit, monta sur le trottoir pour éviter une camionnette, puis soudain déboucha sur une avenue. Pris par la vitesse, il se retrouva sur la voie de gauche. Il écarquilla les yeux… et percuta de plein fouet un bus de transport urbain en train de quitter un arrêt.

---

6 **abuser qn** *ici* : jdn täuschen – 7 **la circulation** le trafic – 7 **éviter qn** *ici* : jdm ausweichen –
7 **de justesse** *f* ganz knapp – 8 **klaxonner** hupen – 8 **un coup d'envoi** *m* Startzeichen –
9 **une course-poursuite** Verfolgungsjagd – 9 **infernal, e** höllisch – 10 **s'esclaffer** rire fort –
11 **s'engager dans un lieu** y entrer – 11 **une rue en sens interdit** Einbahnstraße – 13 **déboucher
sur un lieu** y arriver – 14 **une voie** *ici* : Spur – 14 **écarquiller les yeux** *mpl* les ouvrir grand –
14 **percuter qc** gegen etw prallen – 15 **de plein fouet** mit voller Wucht – 15 **urbain, e** de la ville

Anthony

– Là, je reconnais que j'ai eu peur. Gaspard était assis sur le goudron, à moitié dans le cirage. Heureusement, il ne saignait pas, ou peut-être un peu aux genoux.

– Es-tu allé le secourir ?

– Non. Ce sont des passants qui l'ont fait. Le chauffeur du bus est descendu. Il était tout pâle et n'arrêtait pas de dire qu'il n'avait rien pu faire.

Oppressé par cette pénible évocation, Anthony porta la main à son ventre et prit une profonde inspiration. Il revoyait l'accident avec une parfaite précision, se mordant les lèvres tout comme il l'avait fait lorsqu'il observait la scène de loin, son vélo entre les jambes, le cœur serré d'anxiété.

– Tu as eu peur pour qui ? demanda l'adulte. Pour toi, parce que tu craignais qu'on te rende responsable de l'accident, ou pour lui ?

– Pour les deux, répondit le garçon.

Puis il haussa les épaules avant de conclure avec un petit sourire acerbe :

– Quelle idée aussi de vouloir embrasser un bus ! Un monsieur s'est approché en disant qu'il était médecin. Les gens se sont attroupés autour de Gaspard. Je suis allé voir et j'ai entendu que le docteur demandait :

« Tu m'entends ? Est-ce que tu as mal quelque part ? »

Gaspard a dû croire qu'il était mort parce que le monsieur lui a dit :

« Apparemment pas. Tu peux bouger les jambes ? »

Gaspard s'est remis debout. J'ai vu qu'il pliait les bras et les jambes pour vérifier qu'il n'avait rien de cassé.

---

2 **le goudron** l'asphalte – 2 **être dans le cirage** *fam* weggetreten sein – 2 **saigner** → le sang –
4 **secourir qn** jdm Hilfe leisten – 8 **oppressé, e** bedrückt – 8 **une évocation** *ici :* un souvenir –
10 **se mordre les lèvres** *fpl* sich auf die Lippen beißen – 18 **acerbe** *ici :* dur – 26 **apparemment**
[apaʀamɑ̃] → en apparence p. 32 – 27 **plier** *ici :* beugen

« – Doucement, petit, a dit le médecin. Tu as pris un sacré choc, tu sais.

– C'est bon, je vous assure. Ça va très bien.

Le médecin l'a examiné. Une dame voulait appeler une ambulance, mais Gaspard s'est écrié qu'on lui fiche la paix. Il a voulu remonter sur son vélo, mais la roue avant était pliée. Alors, il est parti, en laissant tout le monde sur place. Pendant un moment, je l'ai suivi de loin. Avec son vélo tout tordu qu'il devait soulever par le guidon, c'était trop drôle. Et puis j'ai vu qu'il pleurait. Ça ne m'a plus amusé, alors je suis rentré.

– Dans quel état d'esprit ?

Anthony esquissa une moue, pouvant signifier qu'il ne savait pas trop. L'adulte lui laissa le temps de plonger dans sa mémoire pour y affronter ce souvenir dérangeant.

– En fait… oui, c'est sûr que je n'étais pas super fier, finit-il par avouer. Moi, Gaspard, au fond, je ne lui voulais pas de mal. C'était juste pour rigoler que je l'embêtais, et puis parce qu'il… enfin, non, puisqu'il ne m'avait rien fait.

– Es-tu en train de me dire que tu éprouvais des regrets ?

– Non, pourquoi j'en aurais eu ? Par contre, c'est à ce moment-là que j'ai décidé que je le laisserais tranquille, au moins le temps qu'il digère son bus. C'est lui qui est venu me provoquer…

---

6 **plié, e** *ici* : verbogen – 8 **tordu, e** *ici* : verbogen – 9 **un guidon** Lenker – 11 **un état d'esprit** *m* Verfassung, Gemütszustand – 12 **une moue** schiefes Gesicht – 14 **dérangeant, e** troublant – 16 **avouer** gestehen – 17 **embêter qn** *ici* : jdn ärgern – 22 **digérer** verdauen (*ici* : *fig*)

Gaspard

Le lendemain, Gaspard n'avait pas oublié son accident et ce qui avait suivi – notamment les explications interminables qu'il avait dû fournir à sa mère –, mais il l'avait relégué au second plan de ses préoccupations. Celle qui mobilisait toute sa pensée se résumait en une formule :

« L'heure de la revanche a sonné ! » Dès son arrivée au collège, il aperçut la Teigne dans la cour, au milieu de ses copains, bavardant en agitant les bras. Gaspard s'efforça de passer au large pour gagner au plus vite le préau, où il pourrait se fondre dans la masse des collégiens. Peine perdue, Anthony avait une vue de rapace. Apercevant le « miraculé », il se précipita à sa rencontre :

– Eh, Gaspounet, comment ça va ? Je te croyais mort !

Ses intentions n'étaient pas mauvaises à cet instant-là, mais il ne pouvait s'empêcher d'adopter une attitude de désinvolture arrogante. Gaspard s'immobilisa et le fixa le regard bas.

– Dis donc, hier, t'as fait une sacrée valdingue ! reprit Anthony avec un sourire qui se voulait amical.

Il regarda autour de lui, puis demanda :

– Alors, c'est bon, un bus ? Ça a quel goût ?

Gaspard s'efforça de paraître détendu.

– Je ne sais pas. Il faudrait demander à mon vélo.

– Te fâche pas, je rigole. Détends-toi. Pète un coup, t'es tout rouge.

Ce qui était le cas, mais Anthony ignorait que, ce matin-là, Gaspard était rouge de colère et non de peur. Il leva la main pour la claque virile du matin, assénée suivant les jours dans le dos ou sur la figure – ce jour-là, ce serait la figure –, mais Gaspard vit

---

3 **fournir** donner, apporter – 3 **reléguer qc au second plan** etw in den Hintergrund drängen – 4 **une préoccupation** un souci p. 26 – 7 **bavarder** discuter – 9 **se fondre dans la masse** disparaître dans un groupe – 10 **peine perdue** sans succès – 10 **un rapace** Raubvogel – 11 **un miraculé** qn qui a été sauvé par miracle – 14 **la désinvolture** Ungeniertheit – 16 **sacré, e** ici : fam ici : impressionnant – 16 **une valdingue** fam le fait de tomber – 19 **le goût** Geschmack – 22 **péter** fam furzen – 26 **viril, e** qui montre qu'on est un vrai mâle – 26 **asséner** ici : verabreichen

venir le coup et inclina le buste en arrière. Les doigts d'Anthony lui frôlèrent le nez. L'agresseur resta un instant décontenancé. Il tenta d'agripper son souffre-douleur par l'épaule, sans doute pour le secouer « amicalement », mais de nouveau Gaspard esquiva la main. La Teigne grogna d'agacement, puis se désintéressa de son jouet et s'en alla. Gaspard le regarda s'éloigner, éberlué de cette victoire sans avoir porté un seul coup !

Enfin, arriva l'heure du cours de gymnastique… enfin, car Gaspard en avait rêvé toute la nuit, imaginant les pires complots contre son tortionnaire. La clé en était le timing. Mais il devait aussi compter sur la chance, c'est-à-dire sur la fâcheuse tendance des élèves à traîner dans le vestiaire et sur l'impatience du prof de gym qui viendrait sûrement les secouer.

Le cœur battant à tout rompre, Gaspard enfila sa tenue de sport. Puis, bizarrement, il prit son temps pour lacer sa chaussure droite. Quand la plupart de ses camarades furent prêts et commencèrent à jouer les cadors, c'est-à-dire à se distribuer les titres de champions du ballon rond, puisque ce cours-là était consacré au football, il se leva. Ensuite, sa basket gauche à la main, il s'approcha d'Anthony.

– Eh, la Teigne, tu pourrais m'aider, s'il te plaît ?

Anthony se retourna, interloqué.

– Qu'est-ce que tu veux ?

Gaspard leva sa basket jusqu'à son nez et, faisant mine d'en humer l'intérieur, déclara :

– Cette odeur me rappelle quelque chose, dit-il en grimaçant. Mais je n'arrive pas à savoir quoi.

Anthony émit un rire, sans conviction car il pressentait l'entourloupe.

– Ça va pas la tête ?

---

1 **incliner** pencher p. 19 – 1 **le buste** *ici :* Oberkörper – 2 **frôler** passer tout près –
2 **décontenancé, e** fassungslos – 3 **agripper** attraper – 5 **grogner** *ici :* murren – 5 **l'agacement**
m l'énervement, l'irritation – 6 **éberlué, e** très surpris – 10 **un tortionnaire** [tɔʀsjɔnɛʀ] qn
qui torture qn d'autre – 11 **fâcheux, -euse** mauvais – 11 **une tendance** *ici :* une habitude –
12 **traîner** *ici :* prendre son temps – 14 **battre à tout rompre** *pour le cœur :* battre très fort –
14 **enfiler** *ici :* mettre – 15 **lacer** (zu)binden – 21 **interloqué, e** très surpris – 24 °**humer** sentir –
27 **la conviction** → convaincre p. 21 – 28 **une entourloupe** fauler Trick

38

– Te fatigue pas, j'ai trouvé. Ça pue le Mignard. Beurk ! C'est à vomir.

Les garçons autour d'eux pouffèrent. Gaspard n'eut pas besoin d'en rajouter, car Anthony l'empoigna par le maillot dont les coutures craquèrent. Il le tira violemment au milieu du vestiaire.

– Chouette ! Une bagarre ! lança un élève.

– Tu veux que je te sculpte une face de cochon chinois ? menaça Anthony.

Sans le lâcher, il leva le poing pour frapper son adversaire. C'est alors que surgit le professeur.

– Eh bien, Mignard ! Voulez-vous que je vous aide ?

– Euh… non, m'sieur ! On parlait de kick-boxing et je montrais une prise à Gaspard.

Ce dernier éclata en sanglots en s'écroulant sur le sol de ciment.

– C'est ça, prenez-moi pour un imbécile ! Vous viendrez mercredi en retenue, expliquer par écrit les règles du ju-jitsu. Et vous, Gaspard, arrêtez de geindre. Allez, tout le monde sur le terrain de foot, et au galop !

La Teigne ravala son envie de répliquer, mais son regard haineux promettait à son jouet devenu son ennemi mortel les plus cruelles représailles.

---

4 **un maillot** un t-shirt – 5 **une couture** *ici :* Naht – 13 **une prise** *ici :* Griff – 14 **éclater en sanglots** *mpl* se mettre à pleurer – 14 **s'écrouler** *ici :* tomber – 16 **une retenue** *ici :* Nachsitzen – 17 **geindre** rumjammern – 18 **au galop** vite – 19 °**haineux, -euse** → la haine p. 25

Anthony

– C'était comme une déclaration de guerre ! s'exclama Anthony comme s'il y était encore. Franchement, il avait poussé le bouchon un peu loin.

– Objectivement, Gaspard n'a fait que se défendre. Il a prouvé, ou du moins essayé de prouver, qu'il n'était pas aussi lâche que tu le croyais.

– Justement, ça sert à ça, la guerre. À régler ses comptes ! Il me fait une crasse, je me venge.

– Et tu ne craignais pas que ça se termine mal ?

– Vous savez, dans ces moments, on ne réfléchit pas beaucoup.

– Veux-tu dire que dans ces moments-là on est bête ?

– C'est pire que ça. On est vraiment prêt à faire n'importe quoi.

– Est-ce que tu penses que c'était inévitable ?

Anthony haussa les épaules d'ignorance, puis il lâcha :

– C'est humain, non ?

– Ce qui voudrait dire oui ?

– Non. Peut-être que ça aurait pu se régler autrement.

– Comment ?

– Déjà, fallait le vouloir, mais lui il ne le voulait pas. Il avait la haine, ça se voyait.

– Et toi ?

– Moi, je n'ai fait que défendre mon honneur.

– Hum… Voilà encore un mot à chercher dans le dictionnaire.

Le garçon rouvrit celui-ci et rapidement mit le doigt sur la définition, qu'il lut d'une traite :

– « Principe de comportement qui répond à une norme sociale et qui permet de recueillir l'estime d'autrui et de conserver une dignité morale. »

---

2 **pousser le bouchon un peu loin** aller un peu trop loin – 5 **lâche** ≠ courageux – 7 **régler ses comptes** *mpl* (avec qn) mit jdm abrechnen – 8 **une crasse** *fam* un mauvais coup – 8 **se venger** → une vengeance p. 30 – 13 **inévitable** → éviter p. 30 – 19 **avoir la °haine** *fam* être très furieux – 25 **d'une traite** d'un coup, sans interruption – 27 **l'estime** *f* (Hoch-)Achtung – 28 **la dignité** Würde

– En te vengeant, traduisit l'adulte, tu pensais donc obtenir l'estime de tes camarades de collège, tout en gardant ta dignité. C'est bien ça ?

– Oui. Enfin… pas trop, parce que les autres, franchement, ils s'en moquaient. Pour ce qui est de la dignité, je ne vois pas trop ce que c'est.

– Le respect de soi et de certaines valeurs. Une forme de noblesse, comme celle des chevaliers, par exemple. Tu vois mieux ?

– Oui, à peu près…

– Finalement, dans ton embrouille avec Gaspard, tu t'es comporté comme un chevalier, brave, digne, noble… Un homme d'honneur en quelque sorte.

Anthony préféra baisser le nez plutôt que d'approuver, car il devait reconnaître que, dans cette affaire, il avait surtout brillé par sa bêtise et sa méchanceté.

– Comment t'es-tu vengé ? demanda l'adulte.

– À la sortie des cours, le soir, je l'ai coincé devant le collège. « Viens là, toi ! » que je lui ai crié. Il a continué à marcher vers l'arrêt de bus, sans se retourner.

– Il n'était pas à vélo ?

– Non. Depuis son accident, sa mère ne voulait plus qu'il aille au collège autrement qu'avec elle ou en bus. Donc je lui ai couru après et je l'ai attrapé par un bras. Il s'est retourné et m'a fait face, comme ça, en me regardant droit dans les yeux. Ça m'a un peu refroidi. J'aurais préféré qu'il devienne tout vert et fasse dans son froc.

– Ce qui n'était apparemment plus le cas.

– Disons que ça ne se voyait plus comme avant. Je lui ai dit qu'il n'était qu'un sale traître, une bouse de vache, une chiure de mouche… Mais il ne répondait pas. Il restait complètement

5 **se moquer de qc** *ici : ≠* s'intéresser à qc – 7 **la noblesse** → noble – 8 **un chevalier** Ritter – 25 **refroidir qn** calmer qn, démotiver qn – 25 **faire dans son froc** *fam* faire pipi dans son pantalon, *ici : fig* avoir très peur – 29 **un traître** Verräter – 29 **une bouse** *pour une vache :* un excrément – 29 **une chiure** *fam pour un insecte :* un excrément

immobile, me fixant toujours droit dans les yeux. J'ai eu l'impression qu'il attendait que je le frappe. Alors, pour ne pas le décevoir, j'ai essayé de l'attraper au col. Il a reculé. J'ai voulu lui en coller une… Il l'a évitée. Et puis il m'en a balancé une en retour, et une cuisante, je vous jure. Ça a fini en baston sous l'Abribus. Ce sont des adultes qui sont venus nous séparer. Il avait une lèvre un peu fendue, et moi je saignais du nez. Cette fois, c'était plus de la blague, c'était une lutte à mort.

– Aujourd'hui, avec le recul, est-ce que tu penses qu'une dispute d'enfants mérite d'aller aussi loin ?

– Pas plus qu'entre adultes.

– En effet. Très juste. Tu marques un point. Donc, si j'ai bien compris, vous en étiez arrivés à vous haïr à mort ?

– On peut dire ça, oui.

– Qu'est-ce que tu as imaginé pour lui nuire ?

– D'abord des trucs marrants. Par exemple, je lui ai mis des crottes de chien dans une poche de sa veste de jogging. J'ai collé un chewing-gum bien mou sur sa chaise… Qu'est-ce que j'ai fait encore ? Je lui ai piqué sa trousse à la fin d'un cours et me suis enfui avec. Il l'a retrouvée sous le préau, mais j'avais semé tout ce qu'elle contenait un peu partout dans les couloirs. Voilà. C'était comme ça, au début de la guerre…

– Et lui, comment a-t-il répliqué ?

– Pareil. Il a dégonflé les pneus de mon vélo. Il a vidé une canette de Coca dans mon sac.

– Est-ce que tu as mobilisé tes copains ?

– Ils n'ont pas voulu s'en mêler. Ce sont des poules mouillées. Ils m'ont laissé tomber comme des lâches.

---

3 **décevoir qn** → déçu – 3 **un col** *ici :* Kragen – 3 **reculer** aller vers l'arrière – 4 **en coller une à qn** *fam* donner une baffe p. 29 à qn – 5 **cuisant, e** *ici :* fort – 5 **une baston** *fam* une bagarre p. 30 – 7 **fendu, e** *ici :* aufgeplatzt – 8 **une lutte** → lutter p. 14 – 9 **le recul** *ici :* la distance – 10 **mériter** *ici :* wert sein – 12 **marquer** *ici :* machen, erzielen – 13 °**haïr qn** → la haine p. 25 – 15 **nuire à qn** jdm schaden – 17 **une crotte** un excrément – 19 **piquer** *fam* prendre, voler – 24 **dégonfler** faire partir l'air – 24 **un pneu** Reifen – 27 **une poule mouillée** *fam* qn qui a peur

– Aucun professeur ou surveillant ne s'est aperçu de ce qui se passait entre Gaspard et toi ?

– Si. Un jour, on a eu droit à une leçon de morale de la prof de français. Mais elle n'y comprenait rien. Elle croyait qu'on jouait, ou qu'on faisait simplement les idiots, pour nous faire remarquer. Le gag, c'est quand ce crétin de Gaspard s'est fait surprendre dans la cour en train de déchirer mon cahier d'histoire. Le CPE n'a même pas cherché à comprendre ; il a exigé qu'il me demande pardon, devant toute la classe, histoire de bien l'humilier !

Le garçon baissa la tête pour cacher son sourire, puis la releva brusquement en reprenant :

– Ah oui, et puis aussi, un jour, la mère de Gaspard m'a attrapé à la sortie. « C'est toi qui martyrises mon fils ? » qu'elle m'a dit. Elle m'a demandé pourquoi je m'acharnais sur lui, qu'est-ce qu'il m'avait fait. Elle voulait des explications, quoi. C'est normal, mais elle n'avait pas à m'agresser.

– Parce que pour toi c'était une agression ?

– Oui.

– Alors comment une mère devrait-elle s'y prendre pour protéger son enfant ?

– Je ne dis pas qu'elle avait tort, mais…

– Mais ?

À court d'arguments, Anthony haussa les épaules.

– Passons. Quelles explications lui as-tu données, finalement ? demanda l'adulte.

– Aucune. Et je n'ai pas baissé les yeux. Je ne me suis même pas excusé, et, quand elle m'a menacé d'en parler à mes parents, je lui ai dit que je m'en foutais, parce que de toute façon mes parents, ils me défendraient.

– Ce qui était vrai ?

6 **un crétin** *fam péj* un idiot – 7 **déchirer** zerreißen – 7 **un CPE** (*abrév de* conseiller principal d'éducation) Schulbeauftragter für Disziplinarfragen – 14 **s'acharner sur qn** → l'acharnement p. 28 – 23 **à court de** qui n'a plus de – 27 **menacer qn de faire qc** jdm drohen etw zu tun

– Bien sûr ! Le soir même elle a appelé chez moi. Elle a discuté un moment avec ma mère au téléphone, mais, comme ma mère n'était pas au courant, elle l'a envoyée chi… balader. Et puis voilà, c'en est resté là.

– Tu veux dire que vous avez cessé de vous faire des crasses, Gaspard et toi ?

– Non, au contraire ! J'avais décidé que Gaspard devait dégager…

– Dégager ?

– Partir du collège. Je voulais le harceler jusqu'à ce que sa mère soit obligée de l'inscrire ailleurs, et même de déménager, parce que je ne voulais plus croiser sa face de rat dans le lotissement.

– Donc, votre affrontement est encore monté d'un cran.

– Oh oui. C'était vraiment de plus en plus violent.

– Violent jusqu'où ?

– Vous le savez bien.

3 **être au courant** être informé – 3 **envoyer qn chier** *vulg* **balader** *fam* faire comprendre à qn qu'il ne nous intéresse pas – 5 **cesser** arrêter – 13 **monter d'un cran** sich verschärfen

Gaspard

Les résultats scolaires de Gaspard commençaient à pâtir de ses problèmes avec Anthony. Il ne parvenait plus à se concentrer. En classe, il sentait le regard de son ennemi rivé sur lui en permanence, tel un poignard planté dans la plaie de ses angoisses. En récréation, s'il ne voyait plus son persécuteur, il se demandait quelle nouvelle crasse il lui préparait. Et de retour chez lui, il ne pouvait pas détacher sa pensée d'Anthony. Sa mère avait entrepris des démarches auprès du principal du collège afin de faire cesser le harcèlement, avec un succès certain puisque les mauvais coups s'étaient raréfiés, du moins dans l'enceinte du collège. Car dès qu'il avait franchi la grille, ou pour peu qu'il croisât Anthony dans le lotissement, les coups et les insultes tombaient, plus cruels que jamais. Vaincu, Gaspard avait fini par renoncer à répliquer et à se rebiffer. Ce n'était plus la peur qui l'anesthésiait, c'était la lassitude, l'épuisement même. Ce n'était plus tant les agressions physiques ou les actes de malveillance qui le tourmentaient, que leur seule menace. Sa mère avait songé à porter plainte à la police, mais n'avait pas osé le faire jusque-là. Sans doute cela n'allait-il plus tarder, au vu de l'état d'abattement dans lequel s'enfonçait son fils et qui la menait elle-même à la dépression.

Jusqu'à ce qu'une nuit, l'une de ces longues et douloureuses nuits de rumination, Gaspard prît la décision d'en finir.

– Je vais le tuer, décréta-t-il en se redressant d'un coup sur son lit.

Il se rallongea, soulagé, et parvint assez rapidement à s'endormir en imaginant la méthode la plus efficace et surtout la plus radicale

---

1 **pâtir** *ici :* devenir moins bon – 2 **parvenir** réussir – 3 **rivé, e** fixé – 4 **en permanence** toujours – 4 **un poignard** Dolch – 4 **une plaie** Wunde – 7 **entreprendre des démarches** *fpl* Schritte unternehmen – 10 **se raréfier** arriver moins souvent (→ rare) – 10 **l'enceinte** *f* **du collège** les limites du collège – 13 **vaincu, e** qui a perdu – 14 **se rebiffer** *fam* se défendre, résister – 14 **anesthésier qn** *ici : fig* rendre qn passif, incapable d'agir – 14 **la lassitude** → se lasser p. 26 – 15 **l'épuisement** *m* Erschöpfung – 16 **la malveillance** la méchanceté – 17 **songer** penser – 17 **porter plainte** Anzeige erstatten – 19 **ne pas tarder** arriver bientôt – 19 **un état** *ici :* Zustand – 19 **l'abattement** *m* Niedergeschlagenheit – 22 **la rumination** → ruminer p. 25 – 25 **soulagé, e** → un soulagement p. 33

pour éliminer son problème. Le lendemain matin, il se leva avec une nouvelle détermination. Il avait choisi l'arme et le moment. Ne restait qu'à accomplir l'acte ultime, qu'il croyait salvateur.

Anthony avait entrepris de le racketter. La première fois, il lui avait demandé de lui acheter des bonbons. Dès la seconde, il réclama directement de l'argent. Gaspard tenait là l'occasion idéale de régler cette affaire une fois pour toutes… Il donna rendez-vous à la Teigne sur un terrain vague, au prétexte de lui remettre ses dernières économies. C'était un mercredi après-midi, vers quatorze heures. Anthony, plus arrogant que jamais, le rejoignit près de la palissade.

– C'est bon, tu as cassé ta tirelire ? l'interpella-t-il.

Il remarqua l'étrange expression qui animait, enflammait même, le regard fatigué de Gaspard. Il l'attribua à la détresse extrême dans laquelle il avait poussé son souffre-douleur, et il fut pris d'un doute : n'était-il pas allé trop loin ? Mais très vite, il chassa cette pensée de son esprit. Tendant la main, il exigea le fruit de son racket.

– Alors, ça vient ? s'impatienta-t-il.

Gaspard tremblait des pieds à la tête. Il respirait par saccades et le fixait comme s'il allait lui sauter à la figure pour lui arracher les yeux.

– Hé, ho ! Du calme. Si tu n'as rien apporté, je t'accorde un nouveau délai. Mais je te préviens, demain je veux… Gaspard ne le laissa pas finir sa phrase. Il l'empoigna par le col, puis le plaqua violemment contre la palissade.

Il le saisit alors d'une main à la gorge et de l'autre sortit de sa veste un couteau de cuisine.

– Hé, ça va pas la tête ? Lâche-moi ! s'écria Anthony.

---

2 **la détermination** Entschlossenheit – 2 **une arme** Waffe – 3 **salvateur, -trice** qui peut sauver qn – 4 **racketter qn** jdn erpressen – 8 **un terrain vague** unbebautes Gelände – 12 **une tirelire** Sparbüchse – 14 **la détresse** *ici* : Verzweiflung – 16 **un doute** → douter p. 24 – 17 **le fruit du racket** *ici* : l'argent qu'il lui vole – 20 **trembler** zittern – 20 **par saccades** *fpl* stoßweise – 21 **arracher** herausreißen – 24 **un nouveau délai** un peu plus de temps

– Je vais te tuer. Tu entends ? Je vais te saigner. Je le jure ! Il lui montra son arme, puis la lui piqua sur la poitrine, un peu en dessous du cœur. Anthony poussa un cri de douleur.

– Arrête ! Pose ça, tu me fais mal !

Réalisant que sa vie était réellement en danger, il fut submergé par une terreur indicible. Jamais il n'avait vu Gaspard aussi rouge, et il lut dans la crispation hideuse de son visage une détermination qui ne laissait aucune place au doute.

– S'il te plaît, lâche ce couteau, gémit-il. Tu ne vas pas faire ça, hein ?

– Oh que si je vais le faire ! Mais avant, je veux que tu me demandes pardon. Pardon pour toutes les saloperies que tu m'as faites, et pardon pour les soucis que tu as causés à ma mère. Vas-y !

Anthony ne se fit pas prier et se mit à bredouiller des excuses. Après cela, en pleurs, il supplia :

– Tu ne vas pas me tuer, hein ? Tu ne vas pas le faire ? S'il te plaît, je te jure que je ne t'embêterai plus. S'il te plaît… Gaspard avait presque pitié de lui. Mais il restait fermement déterminé à en finir. Il lui suffisait d'enfoncer cette lame dans la carcasse de ce misérable, et son cauchemar cesserait dans l'instant. C'était facile, il l'avait répété mille fois en imagination. Sans le moindre remords et sans aucune crainte pour les conséquences. Pourtant, bizarrement, ses muscles ne répondaient plus. Le manche du couteau lui brûlait les doigts et une confusion totale lui brouillait l'esprit. L'envie de vomir, la même qui l'avait saisi lorsqu'il était entré dans le terrain vague, lui fit monter la salive à la bouche. Alors, sans même

2 **piquer** stechen – 5 **submerger qn** *pour des sentiments, une émotion :* übermannen –
6 **indicible** qu'on ne peut pas exprimer – 7 **une crispation** Zucken – 7 °**hideux, -euse** horrible –
12 **une saloperie** *fam* une méchanceté, un mauvais coup – 15 **ne pas se faire prier** faire
tout de suite ce qu'on nous dit de faire – 15 **bredouiller** → bredouillant p. 16 – 16 **supplier** →
suppliant p. 21 – 19 **déterminé, e** → la détermination p. 46 – 20 **enfoncer** *ici :* hineinstechen –
20 **une lame** Klinge – 20 **une carcasse** *ici : fam* un corps – 20 **un misérable** *ici :* erbärmliche
Person – 22 **un remords** *ici :* Schuldgefühl – 23 **une crainte** → craindre p. 21 – 24 **un manche**
ici : Griff – 25 **brouiller** ≠ rendre clair – 27 **la salive** Speichel

s'en rendre compte, il relâcha l'étreinte de sa main sur le cou d'Anthony qui s'effondra lentement sur les talons. Il recula d'un pas et laissa tomber sa lame dans l'herbe. Recroquevillé sur lui-même, pleurant et gémissant, Anthony n'était plus qu'un enfant terrorisé. Il avait totalement et définitivement perdu son statut de bourreau. Gaspard secoua négativement la tête, se détourna, puis s'en alla en courant.

1 **une étreinte** *ici :* Umklammerung – 2 **s'effondrer** *ici :* tomber – 3 **recroquevillé, e (sur soi-même)** zusammengekauert – 4 **gémir** stöhnen

Anthony

L'évocation de cet épisode mit le garçon si mal à l'aise, qu'il commença à montrer des signes de lassitude. Il ne cessait de bouger sur sa chaise et donnait des réponses de plus en plus courtes. L'adulte, par contre, ne semblait pas du tout pressé d'en finir. Il se leva pour aller tranquillement fermer la fenêtre, puis il demanda, sur un ton calme, comme dans une banale conversation entre amis :

– Est-ce que tu lui en as voulu de t'avoir causé une telle frousse, ou au contraire est-ce que tu lui as été reconnaissant de t'avoir épargné ?

– Ni l'un ni l'autre. Ça m'a mis complètement K.-O. Je suis rentré chez moi, les jambes en coton. J'étais… je ne sais pas comment dire…

– Hébété.

– Oui, un truc dans ce genre. En tout cas, je n'avais plus envie de continuer à l'embêter. J'avais mon compte. Fini. On arrête tout.

– Il a fallu en arriver là pour que tu le décides enfin, souligna l'adulte sans se rasseoir.

Il resta planté devant la fenêtre, contemplant bras croisés l'extérieur, comme s'il réfléchissait.

– Ben oui… répondit l'adolescent.

– Dis-moi, Anthony, est-ce que tu aimerais avoir des enfants un jour ?

L'homme se retourna et reprit :

– Tu t'imagines parfois père de famille ? Anthony sourit.

– Ben ouais, forcément.

– Non, pas forcément. C'est aussi un choix. Est-ce que tu penses que tu seras un jour père de famille ?

---

1 **mettre qn mal à l'aise** jdn unangenehm berühren – 4 **être pressé, e** → s'empresser p. 33 – 8 **en vouloir à qn** être furieux envers qn – 8 **la frousse** *fam* la peur – 9 **reconnaissant, e** dankbar – 10 **épargner qn** *ici :* laisser qn en vie – 12 **en coton** *m ici : fig* kraftlos – 14 **hébété, e** choqué – 16 **avoir son compte (de qc)** en avoir assez – 19 **contempler qc** regarder qc – 26 **forcément** *ici : fam* na klar !

– Je crois que oui, parce que je veux des enfants.

– Si tu as un fils comme Gaspard, comment agirais-tu si tu apprenais qu'il est le souffre-douleur d'un garçon de sa classe?

– Je crois que je le prendrais très mal. J'irais voir le père de l'autre et je lui demanderais des comptes.

Disant cela, Anthony montra le poing.

– Encore la bagarre.

– Euh… non. Je le ferais gentiment d'abord, poliment.

– D'accord. Et si, à l'inverse, un père ou une mère, ou un enseignant, t'apprenait que ton fils martyrise un enfant de son âge…

Anthony esquissa une grimace.

– Je crois que ça m'ennuierait. Mais je ne sais pas comment je réagirais dans ce cas. Je ne suis qu'un enfant, ce n'est pas à moi de le dire.

L'adulte eut un bref sourire.

– Tu as raison de le rappeler. Un enfant doit d'abord apprendre et comprendre, avant d'être mis devant ses responsabilités, n'est-ce pas ?

L'adolescent comprit très bien le sous-entendu, mais fit comme si de rien n'était.

– Peut-être cette histoire t'a-t-elle appris quelque chose, reprit l'homme.

– Ah oui, c'est sûr !

Le visage de l'adulte s'assombrit.

– Mais elle n'est pas finie. Allons jusqu'au bout.

Le garçon pâlit légèrement.

– C'est obligé ?

– Quand la machine est lancée, malheureusement, elle ne peut pas s'arrêter d'un coup.

– Attendez, c'est quand même pas ma faute si Gaspard s'est…

---

9 **à l'inverse** au contraire – 13 **ennuyer qn** *ici* : jdm unangenehm sein – 20 **un sous-entendu** Andeutung – 25 **s'assombrir** *ici* : devenir plus sérieux, moins souriant – 27 **pâlir** → **pâle**

Le garçon s'interrompit pour fixer son interlocuteur, chez lequel il crut lire de la tristesse. Puis il sentit que c'était plutôt du découragement, celui d'un homme réalisant qu'il a perdu son temps.

– Je ne voulais pas que ça arrive, se défendit Anthony en posant les mains sur son torse. Je vous jure que je ne le voulais pas.

– Je te crois. Pourtant tu m'as dit que tu souhaitais te débarrasser de Gaspard. Finalement, tu y es arrivé.

Anthony haussa les épaules. Il était de plus en plus mal à l'aise et commençait à éprouver à son tour une désagréable oppression au niveau du plexus, l'étau de l'angoisse.

6 **le torse** Oberkörper – 10 **une oppression** → oppressé p. 35 – 11 **un étau** Schraubstock (*ici : fig*)

Gaspard

Après le fiasco de sa tentative d'assassinat, Gaspard rentra chez lui, puis s'enferma à double tour dans sa chambre. Il se jeta sur son lit et s'enfouit la tête sous son traversin. Il ne pleurait pas, mais se sentait à deux doigts de craquer. Soudain, martelant du poing son lit, il cria :

– J'en ai marre ! J'en ai marre ! J'en ai marre !

Il s'assit et tenta de faire le point. Le résultat ne fit qu'achever de lui démolir le moral :

– Je ne suis qu'un lâche, un minable, un moins que rien. La Teigne a raison, je ne vaux pas un clou.

Il méprisait désormais tout ce qui, avant, faisait ses petits et grands bonheurs. À commencer par sa collection de coquillages. La rage le prit, il se précipita jusqu'au placard où il exposait ses joyaux de nacre, et d'un mouvement de bras balaya l'étagère. Puis il piétina ses trésors en criant sa haine de lui-même. Le visage inondé de larmes, il retourna s'asseoir sur son lit. « Et maintenant, se dit-il, qu'est-ce que je vais faire ? » Il lui suffit alors de penser que le lendemain il allait devoir retourner au collège pour qu'une bouffée de panique lui coupât le souffle. Il n'avait pas le choix, il était condamné à y retourner, à y retrouver son tortionnaire, à affronter une journée supplémentaire de peur et de souffrance. Et après, il en viendrait une autre, puis une autre, et encore et encore…

– NOOON ! hurla-t-il en se prenant la tête à deux mains.

Là aussi, il fallait en finir. Et quand vivre devient insupportable, quand il n'y a plus d'espoir, plus d'avenir, plus d'envie… Il se

---

1 **une tentative d'assassinat** Mordversuch – 3 **un traversin** Kopfkissenrolle – 4 **craquer** *ici :* zusammenbrechen – 7 **achever de faire qc** etw vollends tun – 8 **démolir** casser, *ici :* rendre mauvais – 10 **ne pas valoir un clou** *fig* être vraiment nul – 11 **mépriser** verachten – 14 **un joyau** *ici :* les plus beaux objets d'une collection – 14 **balayer une étagère avec le bras** faire tomber tout ce qui est sur l'étagère – 15 **piétiner** → un pied – 16 **inondé, e de larmes** *fpl* tränenüberströmt – 19 **le souffle** *ici :* Atem – 20 **être condamné, e** [kɔ̃dane] **à faire qc** *ici :* être obligé de faire qc – 25 **insupportable** → supportable p. 10

calma d'un coup. Il savait comment arrêter ça. C'est alors qu'il pensa au doux visage de sa mère. Il secoua la tête et se dit :

« De toute façon, c'est ma vie, pas la sienne. »

Il se leva, tourna un moment en rond dans sa chambre, s'arrêta pour regarder l'heure au réveil posé sur sa table de nuit. Il fallait faire vite, car sa mère allait bientôt rentrer du travail. D'autant qu'en raison des soucis de son fils, elle s'efforçait d'être le plus possible présente à la maison. Soudain, Gaspard décida de passer à l'action. Il ouvrit son lit, arracha le drap bleu de dessus, tenta de le déchirer. N'y parvenant pas, il utilisa une paire de ciseaux pour le découper en lanières. Puis il fabriqua une corde, comme un prisonnier ou un enfant fugueur. Sauf que, dans son cas, ce n'était pas pour s'évader. Encore que…

Une fois cette tâche achevée, il chercha un point pour fixer solidement sa corde de drap. Le lustre de sa chambre était trop haut et trop fragile. Celui du salon pareillement.

– L'escalier ! s'exclama-t-il.

Traînant sa corde improvisée derrière lui, il se précipita hors de sa chambre. Essoufflé et fébrile, il l'attacha à l'un des plus hauts barreaux de la rampe. Il descendit ensuite dans le vestibule, approcha une chaise de l'escalier. Il monta sur le siège, noua la corde autour de son cou, et, sans s'accorder une seule seconde pour changer d'avis, donna un coup de reins.

---

9 **un drap** Laken – 11 **une lanière** Riemen – 12 **un enfant fugueur** un enfant qui s'enfuit de la maison – 13 **s'évader** s'enfuir – 19 **essoufflé, e** qui n'a plus de souffle (p. 52) – 19 **fébrile** *ici :* hektisch – 20 **un barreau** *ici :* Stab – 20 **une rampe** *ici :* Geländer – 20 **un vestibule** l'entrée d'une maison – 23 **donner un coup de reins** *mpl* faire un mouvement brusque avec le bas du corps

Gaspard et Anthony

L'adulte resserra sa cravate, puis déclara :

– Je crois qu'il est temps d'y aller. Tu es d'accord ?

Anthony se leva en signe d'approbation. Au moment de sortir du bureau, le garçon marqua une hésitation. L'homme le regarda.

– Tu as quelque chose à me dire ?

Anthony garda le silence ; il était à l'évidence très ému.

– Tout va bien se passer, tenta de le rassurer l'adulte. Fais-moi confiance. Et puis tu sais que tu pourras revenir me voir, si tu le veux. Je suis là pour ça. C'est mon travail.

– Oui, je sais. Merci, monsieur.

L'homme le prit par l'épaule pour sortir, quand soudain il se souvint :

– Oh, ma blouse ! Je ne suis pas très blouse blanche, mais dans un hôpital c'est un peu obligé.

Elle était accrochée à un portemanteau, derrière la porte. Il l'enfila calmement. Sur la poche de poitrine, à gauche, un badge indiquait « Bruno Reiss – Psychologue consultant ». Sans échanger un mot, l'homme et l'enfant traversèrent un interminable couloir, puis empruntèrent un ascenseur pour accéder deux étages plus haut au service de traumatologie. Dans le hall d'accueil, aménagé en espace détente avec fauteuils et machine à café, ils retrouvèrent la mère de Gaspard.

– Bonjour, madame Turpin, la salua le psychologue. Comment va-t-il ?

– Ça va mieux, je vous remercie.

Elle n'adressa pas un regard à l'adolescent, qui gardait les yeux baissés.

– Anthony peut-il aller le voir ?

Elle acquiesça, mais visiblement à contrecœur. Elle ravalait ses larmes, comme pour ne pas donner au persécuteur de son fils la

---

1 **resserrer** *ici :* enger binden – 6 **ému, e** → une émotion – 13 **une blouse** Kittel – 20 **le service de traumatologie** Unfallstation – 21 **un espace détente** Aufenthaltsraum – 29 **acquiescer** faire oui de la tête - 29 **à contœcœur** mit Willen

satisfaction de la voir craquer. Le psychologue conduisit Anthony jusque devant l'une des chambres.

– Tu sais que personne ne t'oblige à entrer, rappela-t-il. Que décides-tu ?

Anthony se racla la gorge avant de répondre d'une voix sourde :
– J'y vais.

–Très bien. Je t'attendrai dans le hall avec la mère de Gaspard. Prends ton temps.

Anthony abaissa la poignée de la porte, puis entra dans la chambre. Il referma doucement derrière lui, sans parvenir à lever le nez. Il finit par se retourner. Étendu sur le lit, adossé à de gros oreillers, les yeux fermés et un simple drap le couvrant jusqu'au ventre, Gaspard était là. Une minerve lui maintenait la tête droite. Durant quelques secondes, Anthony resta planté à trois pas de ce lit, comme s'il s'était agi d'un lit de mort qui l'effrayait.

– Gaspard ? finit-il par articuler. Ce dernier ouvrit les yeux.
– Salut, dit-il simplement en reconnaissant son visiteur.
– Salut. Tu dormais ?
– Je rêvais.
– Pas de moi, j'espère.

Gaspard se redressa contre ses gros oreillers.
– Approche. Tu peux t'asseoir si tu veux.
– Non, non, c'est bon, je vais rester debout.

Anthony s'avança jusqu'au lit, puis d'un geste hésitant tendit la main. Gaspard la lui serra du bout des doigts. Un silence s'instaura, que le visiteur s'empressa de rompre.

– Tu as mal ?
– Non. J'ai juste une luxation et quelques muscles froissés. C'est par précaution qu'on m'a mis cette minerve autour du cou. Ça me gêne, surtout quand je veux me gratter. Mais bon…

---

5 **se racler la gorge** sich räuspern – 5 **sourd, e** *ici :* dumpf – 11 **adossé, e** → le dos – 12 **un oreiller** Kopfkissen – 13 **une minerve** Halskrause – 15 **effrayer qn** faire peur à qn – 26 **rompre** casser (*ici :* en parlant) – 28 **une luxation** Auskugelung – 28 **un muscle froissé** Muskelzerrung – 29 **par précaution** vorsichtshalber – 30 **gêner** *ici :* stören

– J'imagine. T'as eu de la chance.

– Le docteur m'a dit que ça s'était joué à dix secondes.

Nouveau silence. Alors soudain, Anthony se sentit submergé par un sentiment inconnu.

– Je m'excuse, Gaspard, lâcha-t-il en baissant les yeux. Gaspard le regarda, déconcerté. On l'avait prévenu qu'il allait recevoir la visite de son persécuteur, mais il ne s'attendait pas à le voir aussi penaud. Quand il avait donné son accord au psychologue, il s'était figuré que la Teigne se présenterait avec son habituel sourire acide d'enfant sadique.

– Au fait, je t'ai amené quelque chose, annonça Anthony.

Il tira de sa poche de jogging un petit paquet maladroitement enveloppé dans un papier cadeau rouge et jaune.

– Ah ? Merci. C'est quoi ?

– Ben… ouvre.

Gaspard déplia avec précaution le paquet et découvrit, ébahi, un magnifique coquillage nacré, tacheté de caramel.

– Mince, si je m'attendais… Il est superbe ! J'en avais jamais vu des comme ça. Merci, Anthony.

Et à nouveau ils se serrèrent la main, plus fermement cette fois.

À l'espace détente, le psychologue avait évoqué brièvement avec la mère de Gaspard la conversation qu'il avait eue avec Anthony. Ensuite, il avait longuement écouté cette femme meurtrie et en colère, jusqu'à ce qu'il se rende compte que dix minutes s'étaient déjà écoulées et que l'adolescent n'était toujours pas revenu. Partageant son inquiétude, Mme Turpin suggéra :

– Nous devrions peut-être aller voir ce qu'ils font. Je vous l'avais dit que c'était imprudent de laisser ce petit monstre seul avec mon fils.

---

8 **penaud, e** ≠ fier p. 20 – 9 **se figurer** s'imaginer – 9 **acide** *ici :* sarcastique –
12 **maladroitement** ungeschickt – 16 **déplier** *ici :* ouvrir – 16 **ébahi, e** très surpris – 17 **tacheté, e de caramel** *m* rotbraun gefleckt – 18 **si je m'attendais** damit habe ich nicht gerechnet –
23 **meurtri, e** *ici :* tief verletzt – 26 **l'inquiétude** *f* Beunruhigung – 28 **imprudent, e** unvorsichtig

– Je ne crois pas, mais allons voir quand même.

En même temps qu'ils se levaient, deux garçons firent leur apparition dans le hall. L'un en pyjama, le cou enserré dans une minerve, était soutenu sous un bras par l'autre, tous deux souriants. À l'issue de leur face-à-face, parce qu'il fallait mettre un point final à cette sale histoire, ils s'étaient fait une promesse qui resterait secrète. Enfin, se cognant le poing, ils avaient prononcé cette formule : « À mort la haine ! »

5 **à l'issue** *f* **de** à la fin de

Le mot de l'auteur

Le 29 mai 2011, l'émission de TF1 *Sept à huit* diffusait le témoignage de la mère d'un jeune collégien victime des mêmes brimades que Gaspard, le héros de mon récit. Le reportage terminé, j'ai éteint la télévision et suis resté un long moment pensif. Je n'étais pas seulement touché par ce que je venais d'entendre, je revivais un souvenir d'adolescence, que la peur et le dégoût avaient imprimé dans ma mémoire avec une limpidité parfaite.

C'était l'année de ma première quatrième, celle que j'appelle mon *année noire*. La classe avait hérité d'un binôme de « sales gosses » – comment les désigner autrement ? –, deux garçons particulièrement frimeurs, arrogants... et violents. Ils avaient tenté de s'en prendre à moi mais, sans doute parce que je n'avais pas la taille requise, ils m'oublièrent vite pour s'abattre sur le plus faible de la classe, un vrai « petit à lunettes ». Ils en firent leur tête de Turc, et gare à qui tentait d'intervenir, car ils étaient *les terreurs* de la classe et fiers de ce titre. Je n'ai jamais oublié leur nom, ni leur allure crâneuse.

L'image qui a ressurgi ce 29 mai figure dans le récit que vous venez de lire, lorsque Gaspard se dirige vers la salle de sport pour le cours de gymnastique. Il se fait injurier, reçoit des coups derrière la tête, des croche-pattes... Qu'est-il devenu, ce petit à lunettes ? A-t-il sombré ? A-t-il au contraire surmonté ses épreuves pour conquérir le meilleur de la vie ? Pourvu que la haine de l'Autre ne l'ait pas contaminé... Tant de fois par la suite j'ai pensé à lui, éprouvant à nouveau cette même peur d'intervenir et ce même dégoût que m'inspirait alors la lâcheté des « terreurs ».

---

2 **TF1** une chaîne de télévision – 3 **un témoignage** Aussage – 4 **une brimade** Schikane – 8 **la limpidité** la clarté (→ clair) – 10 **un sale gosse** *fam péj* un mauvais garçon – 12 **frimeur, -euse** → frimer p. 15 – 14 **la taille** *ici* : Größe – 14 **requis, e** *ici* : recherché – 14 **s'abattre sur qn** *ici* : attaquer qn – 16 **gare à (celui) qui... !** wehe dem, der ...! – 18 **une allure** *ici* : une attitude – 18 **crâneur, -euse** frimeur – 19 **ressurgir** → surgir p. 33 – 23 **sombrer** *ici* : perdre pied – 24 **pourvu que + subj.** wenn ... nur – 25 **contaminer** anstecken (*ici* : *fig*) – 26 **la lâcheté** → lâche p. 40

J'ai éprouvé le besoin de mettre en mots une situation que nous sommes si nombreux à avoir vécue ou au moins à avoir connue de près ou de loin. Une fois mon manuscrit achevé, j'ai pensé qu'il serait utile, comme j'ai eu l'occasion de le faire pour deux autres de mes romans, de mettre en regard de ma fiction la triste réalité d'une mère et de son enfant qui a connu l'enfer du collège. J'ai contacté Mme Jacqueline Plan. Quelques semaines plus tard, elle m'adressait le texte qui suit. C'est son témoignage. Il est saisissant…

A.T.

Le témoignage de Mme Jacqueline Plan

Le hasard de la vie fait que nos enfants croisent parfois sur leur chemin des personnes qui vont être la cause de leur métamorphose intérieure. Ils ne seront plus ce qu'ils devaient être, et seront porteurs à vie de cicatrices invisibles laissées par ces gens-là.
La vie peut parfois être un enfer.

À tous ceux qui ont vu, qui ont feint de ne pas voir, de ne pas entendre… À tous ceux qui ont fait de cette histoire une histoire banale…

Tous les jours, je le conduisais vers *lui*. Je n'imaginais pas, en lui souhaitant une bonne journée, que chaque jour allait ressembler au précédent et être un peu plus pesant pour Julien. Tout a commencé au mois d'octobre, la rentrée s'était bien passée, Julien était fier d'être en sixième, content de rencontrer de nouveaux enfants qui avaient intégré le collège. Il disait : « De nouveaux camarades sont arrivés ! » sans se douter que ce mot *nouveau* allait rimer avec bien des maux…

3 **achever** finir – 5 **mettre qc en regard de qc** mettre qc en parallèle avec qc – 9 **saisissant, e** très touchant, très fort – 15 **une cicatrice** Narbe – 17 **feindre de faire qc** faire comme si on faisait qc – 22 **pesant, e** *ici* : dur, difficile – 26 **rimer** reimen – 27 **un mal** *ici* : Schlechtes, Übel

À la sortie du collège, durant tout ce mois, il m'a répété : « Certains ne m'aiment pas à l'école. » Je lui répondais inlassablement : « Si on ne t'aime pas, tu dois te remettre en question, changer de comportement, et tu verras qu'ils seront différents envers toi. Pour être aimé, il faut savoir se faire aimer. » Je ne laissais pas plus de place que cela à la discussion. Je rajoutais, en souriant, ce dicton que j'ai rapporté d'un voyage au Japon et qui est dans un cadre suspendu à un mur de notre maison : *When I change, the whole world changes.* « Tu l'as souvent lu, maintenant il faut l'appliquer », rajoutais-je en riant.

Je réalise que non seulement j'ai été sourde à ses appels, mais qu'en plus je les ai tournés en dérision.

Julien sortait toujours le dernier de sa classe, et, là encore, je n'ai compris que plus tard que Julien *le* laissait partir devant… Et à chaque sortie, je lui répétais : « Tu es encore le dernier à sortir ; tu ne peux donc pas te presser un peu ? » Et je revois son regard. Il restait impassible et ne me répondait pas, par pudeur certainement.

C'était son deuxième appel…

Son sac à dos était abîmé, souvent plein de terre, et je lui disais : « Tu dois prendre un peu plus soin de tes affaires, tu es grand maintenant ! » J'ai su plus tard que le sac à dos portait les traces de ce que Julien subissait lorsqu'*il* le poussait dans les escaliers ou dans la cour.

Julien s'enfermait peu à peu dans un mutisme total.

Sa force mentale le poussait à ne rien dire et à subir aussi mes remarques, comme si le silence était son seul ami, son seul refuge.

---

2 **inlassablement** → se lasser p. 26 – 6 **un dicton** Spruch – 7 **un cadre** Rahmen – 11 **sourd, e** qui n'entend pas – 12 **tourner qc/qn en dérision** se moquer de qc/qn – 17 **impassible** qui ne montre aucune émotion – 17 **la pudeur** *ici* : Scham – 25 **le mutisme** le fait de ne pas parler

Il assistait avec effroi à mon incompréhension et passait les plus grands moments de son temps libre à lire comme pour oublier.

C'était son troisième appel.
Ses chaussures étaient très abîmées au talon, et je me révoltais en lui disant de faire attention à la façon de les enlever : il me regardait sans mot dire. J'ai su plus tard qu'*il* passait parfois des journées entières à enlever les chaussures de Julien… Les esclaves marchaient ainsi pieds nus. C'est pour moi lourd de sens.

C'était son quatrième appel.
Je me demande encore comment naissait en *lui* la violence quotidienne qu'*il* faisait subir à Julien. Était-elle nourrie par les regards naïfs ou apeurés des camarades ? Y pensait-*il* le soir avant de se coucher, le matin avant d'arriver au collège ou tout simplement lorsqu'*il* voyait Julien rêveur ?
Je me suis longtemps interrogée, mais je n'ai pas trouvé de réponse à mon questionnement. Je me suis résignée à penser que l'on ne peut pas comprendre le mode de fonctionnement de ces enfants violents, puisqu'il est aussi simple que cela : *Pas de réaction au premier degré, on passe à l'étage d'après.* Comment ne sont-ils pas animés de remords ? Je me plais à penser que leur mode de réflexion est assez primaire.

Julien continuait à rêver à un monde meilleur. Son professeur me disait qu'il lui faisait penser à Verlaine, mais plus il rêvait, plus *l'autre* s'acharnait, car cet univers de rêve *lui* était inaccessible et *le* rendait fou de rage.
Il est passé au degré suivant pendant cent soixante longs jours, en s'adressant régulièrement à Julien en ces termes : « Tu es une poubelle, un déchet de la société, tu ne sers à rien. » Cent soixante longs jours où Julien a fini par s'en persuader. En ne voyant pas

---

1 l'**effroi** *m* une grande peur – 8 **lourd de sens** bedeutungsschwer – 20 **un remords** → p. 47 – 21 **primaire** *ici* : primitif – 28 **un déchet** Abfall

Julien réagir, *il* est allé plus loin, encore plus loin, toujours plus loin…

« Ta mère en string ! » se plaisait-*il* à répéter à Julien. Il attendait certainement une confrontation, mais Julien ne lui a pas donné cette chance. C'était sa force !

Mais c'en était trop. Il n'y eut pas de dernier appel.

Il a détruit ses affaires, *il* a détruit l'image qu'il avait de lui-même en le ridiculisant sans cesse. *Il* lui a fait subir des souffrances physiques, et pire encore *il* s'est permis de salir ses proches. Souffrance mentale qui a détruit peu à peu son enveloppe, puis a rongé l'intérieur pour l'anéantir chaque jour un peu plus. La souffrance psychologique que provoquent les mots fait des ravages. Elle crée en vous des failles béantes et vous engloutit peu à peu. Le monde des rêves se transforme progressivement en un domaine cauchemardesque et vous plonge dans une grande détresse que même les nuits n'apaisent pas. Julien ne dormait plus. Ses nuits étaient ponctuées de cauchemars, de cris, de pleurs…

Le pire jour…

C'était un vendredi soir.

Julien est rentré du collège assez calme. Rien ne laissait présager de la suite des événements. Il a attendu que la porte de la maison soit fermée pour se mettre à pleurer, à crier en disant : « Je ne veux plus vivre ! Le monde ne m'intéresse pas. Ce monde ne m'intéresse pas ! » Ses hurlements résonnent encore en moi, comme un écho insupportable. Je le regardais, stupéfaite, j'essayais de lui parler, de le raisonner, mais il ne m'entendait plus. Son regard était vide. Mes dictons, mes conseils ne lui avaient servi en rien, et il ne voulait plus m'écouter. Il criait son désarroi, certainement pour que je ne sois plus sourde à ses appels, pour que je le comprenne enfin.

---

9 **salir** → sale – 11 **ronger** *ici : fig* auffressen – 11 **anéantir** détruire – 12 **faire des ravages** *mpl* verheerende Schäden anrichten – 13 **une faille** Riss (*ici : fig*) – 13 **béant, e** grand ouvert – 13 **engloutir qn** *ici :* détruire qn – 15 **cauchemardesque** terrififant (→ cauchemar p. 14) – 16 **apaiser** calmer – 20 **laisser présager qc** auf etw hindeuten – 24 **un °hurlement** → hurler p. 20 – 24 **résonner** *ici :* se faire entendre – 25 **stupéfait, e** surpris – 28 **le désarroi** *ici :* Verzweiflung

Il est alors entré dans sa chambre, et en claquant la porte m'a dit sans même me regarder : « Même toi, je ne veux plus te voir ! » Je suis restée prostrée sur le canapé, désemparée, à essayer de réfléchir sur le sens profond qui se cachait derrière des mots aussi durs.

J'ai compris plus tard qu'il m'en voulait de ne pas l'avoir compris, de ne pas avoir su lire entre ses mots. Et j'ai cherché des mots, encore des mots, pour l'apaiser, ceux-là mêmes qui ne l'avaient pas aidé pendant de longs mois.

Je ne sais pas pourquoi j'ai eu tout à coup le besoin irrésistible de me lever et d'aller dans sa chambre. Mon instinct de mère certainement ! Et là j'ai vu l'horreur : mon fils pendu à son lit gigogne.

Nous avons ensuite beaucoup parlé, beaucoup pleuré. J'ai essayé de trouver des solutions, mais malheureusement même la meilleure des mères n'a pas le pouvoir de changer le monde ni de le rendre meilleur. Et cela Julien l'avait bien compris. C'est certainement pour cette raison qu'un peu plus tard, dans la soirée, alors que je préparais le repas, il a recommencé… avec une ceinture cette fois. J'ai entendu le tabouret tomber et je suis entrée aussitôt. Ce fut la première fois où je compris l'impuissance d'une mère face à un désarroi aussi profond. Mes mots ne l'avaient pas réconforté et je ne servais à rien. Mon fils souffrait et j'assistais à sa souffrance sans trouver de solution à ses maux. Il devait certainement se dire : « Elle n'a rien fait jusqu'alors et ne peut plus rien pour moi. » C'était trop dur. Mais j'ai continué à parler, parler, encore parler jusqu'à ce que je sente en lui la moindre réaction et que le plus petit espoir naisse enfin en moi. Je suis restée avec lui une bonne partie de la nuit.

Tout le week-end, j'ai imaginé le lundi où j'allais parler à cet enfant pour qu'il cesse enfin ses agissements envers Julien. Je me disais : « Plus que deux jours, et Julien va être enfin libéré et pourra vivre pleinement épanoui et heureux à l'école. » C'était

---

3 **prostré, e** völlig niedergeschlagen – 3 **désemparé, e** hilflos – 9 **irrésistible** tellement fort qu'on ne peut pas y résister – 11 **pendu, e** erhängt – 11 **un lit gigogne** Ausziehbett – 18 **une ceinture** Gürtel – 19 **un tabouret** Hocker – 21 **réconforter qn** consoler qn – 32 **épanoui, e** gai, joyeux

sans compter sur le fait que les enfants n'ont pas tous la même sensibilité que Julien ! Le lundi, je l'aperçus à la sortie de l'école. Bien que préparée mentalement, ce fut assez dur pour moi d'être face à lui. Je me suis approchée et je *lui* ai dit sur un ton calme : « Je peux te parler ? » Sans attendre de réponse de sa part, j'ai renchéri : « Tu n'as pas le droit de faire tout cela à Julien, un être humain a droit au respect. Je veux rencontrer tes parents ! »

« Je fais ce que je veux ! » m'a-t-*il* répondu en s'éloignant.

Et tout a continué…

Julien a terminé péniblement l'année.

Je lui ai souvent répété : « Tu sais, il n'a pas gagné. Nietzsche disait : "Tout ce qui ne te tue pas te rend plus fort." Tu es donc plus fort maintenant, crois-moi ! »

Je ne sais pas si ces mots le réconfortaient, au fond, mais ils m'ont donné l'occasion de lui dire qu'il n'était pas seul et que je mettrais tout en œuvre pour que son enfer s'arrête. Sa maman était là, près de lui, à veiller sur lui. Elle le comprenait enfin. Je pense que c'était important qu'il le sache à ce moment-là. Et j'ai tout entrepris, nourrie de l'amour pour mon enfant, afin que de tels agissements cessent et que plus jamais cela n'arrive au mien comme aux autres. Maintenant je sais – Julien le sait aussi – que, « si tu ne hurles pas, personne ne croira que tu as mal ». (Henry de Montherlant.) Et Julien se plaît à ajouter : « En plus, la méchanceté ne fait pas grandir ! »

Même si mon témoignage s'arrête là, sachez que rien n'est terminé pour Julien. On ne sort pas indemne de telles épreuves qui entraînent une grande fragilité psychologique. Julien a refait une tentative de suicide et a été hospitalisé en février 2012… Mon combat de mère continue, car je dois redonner à Julien confiance en la société telle qu'elle est, puisque c'est celle dont il fait partie. Nous, parents, devons véhiculer la sagesse et la stabilité dont les

---

2 **apercevoir** voir – 5 **renchérir** ajouter – 10 **péniblement** difficilement – 17 **veiller sur qn** *ici :* protéger qn – 26 **indemne** unversehrt – 31 **véhiculer** transmettre, communiquer – 31 **la sagesse** Weisheit

enfants ont besoin. C'est pourquoi mon témoignage est écrit sans haine. C'est un simple constat de ce que nous sommes et de ce que nous sommes parfois devenus. Prenons le temps, chacun, de regarder autour de nous, de tendre une main vers celui qui se noie ou vers celui qui a pris le mauvais chemin. Prenons le temps de parler ! Ces échanges nourriront l'optimisme de certains et susciteront la réflexion chez d'autres, et ce sera gagné ! C'est aussi cela que nous devons transmettre pour la survie de l'humanité, avec tout ce qu'elle a de plus humain.

Jacqueline Plan

2 **un constat** une observation – 5 **se noyer** ertrinken (*ici : fig*) – 7 **susciter** provoquer

Votre compte rendu de lecture

Wenn ihr z. B. einen Roman selbständig lesen möchtet, dann könnt ihr als kleine Merkhilfe ein Leseprotokoll *(un compte rendu de lecture)* führen, damit ihr nach Unterbrechungen schnell den Wiedereinstieg findet.

In das Leseprotokoll (ein Beispiel davon findet ihr auf der nächsten Seite) könnt ihr die wichtigsten Informationen eintragen, die ihr bei der Lektüre gewinnt. Ferner könnt ihr darin auch eure Meinung zu wichtigen Vorkommnissen äußern usw.

Die Leseprotokolle können z. B. hilfreich sein, wenn ihr irgendwann eine „Erinnerung" an ein früher gelesenes Buch sucht.

Mon compte rendu de lecture

Aujourd'hui, _____ , j'ai lu

– le(s) chapitre(s) : _____

– de la page _____ à la page _____

Ce que j'ai appris sur :

– les personnages :
_____

– leur situation :
_____

– le déroulement de l'action :
_____

D'autres informations importantes :
_____

☺ Ce qui m'a plu :
_____

☹ Ce qui ne m'a pas plu :
_____

Les mots les plus importants :
_____

Les difficultés que j'ai rencontrées :

Activités autour de la lecture

Avant la lecture

1. Fais des hypothèses sur l'histoire à partir de la photo de couverture.

2. « L'enfer au collège »
   a) À trois, réfléchissez à des situations qui illustrent cette expression. Choisissez une de ces situations et mettez-la en scène.
   b) Un groupe de trois joue la scène devant la classe, les autres élèves résument oralement ce qu'ils ont vu.

3. Pour toi, le collège (cela correspond aux classes 6–9 en Allemagne), c'est / c'était plutôt l'enfer ou plutôt le paradis ? Ou un peu des deux ? Raconte.

Pendant la lecture

Chapitre 1 – Anthony (p. 10)

1. Expose la situation au début de ce chapitre.

2. Vrai ou faux ? Si c'est faux, corrige.

	vrai	faux
a) Anthony a peur. _____ _____		

	vrai	faux
b) Anthony a un comportement provocateur.		
c) Anthony et le nouveau habitent dans le même quartier.		
d) Le jour de la rentrée, le nouveau va vers Anthony pour faire sa connaissance.		
e) Le nouveau s'est tout de suite bien amusé avec Anthony.		
f) Anthony veut protéger le nouveau parce qu'il sent que c'est un faible.		

3. « Une tête à claques », « un gentil », « son air minable », « un fils à papa »… : la façon dont Anthony parle de l'autre garçon est-elle sympa ou non ? Explique ta réponse.

4. Décris comment Anthony s'est comporté avec le nouveau le jour de la rentrée.
   À ton avis, pourquoi a-t-il agi comme ça ?

Chapitre 2 – Gaspard (p. 13)

1. Décris les activités que Gaspard aime faire.
   Qu'est-ce que cela montre sur son caractère ?

2. Explique pourquoi cette rentrée est particulièrement difficile pour Gaspard.

3. Résume les conseils de sa mère.
   Qu'en penses-tu ? Lui a-t-elle donné de bons conseils ?

4. Quel effet Anthony a-t-il sur Gaspard la première fois qu'ils se retrouvent côte à côte ?

5. Précise ton portrait de Gaspard : Quels sont les principaux traits de caractère du garçon ?

▲ 6. En quoi peut-on dire que tout oppose Gaspard et Anthony ?

7. Quels sentiments a le lecteur à la fin du 2e chapitre ? Explique ta réponse.

Chapitre 3 – Anthony (p. 18)

1. Que constates-tu au niveau de la structure du livre ?

2. À ton avis, qui est l'adulte avec qui Anthony parle ?
   Pourquoi l'adulte veut-il qu'Anthony lui raconte sa rencontre avec Gaspard ? Fais des hypothèses.

3. Vrai ou faux ? Si c'est faux, corrige.

	vrai	faux
a) Anthony est arrivé à l'heure chez Gaspard. _____ _____		
b) Gaspard avait proposé à Anthony qu'il invite aussi ses amis. _____ _____		
c) Anthony était très content du goûter que lui a offert Gaspard. _____ _____		
d) Anthony et ses copains ont joué avec la nourriture. _____ _____		
e) Les garçons ont fait beaucoup de saletés dans la cuisine. _____ _____		

	vrai	faux
f) Gaspard s'est bien amusé. _____ _____		
g) Les quatre garçons sont ensuite allés jouer dans la chambre de Gaspard. _____ _____		

Chapitre 4 – Gaspard (p. 20)

1. Coche la ou les bonne(s) réponse(s).

a) Gaspard montre à Anthony sa collection de coquillages
   - ☐ parce qu'il en est très fier et qu'il veut qu'Anthony la voie.
   - ☐ parce qu'Anthony l'a vue de loin et insiste pour la voir.
   - ☐ parce qu'Anthony a ouvert la porte du placard pour regarder les affaires de Gaspard.

b) Gaspard
   - ☐ est d'accord pour qu'Anthony prenne un coquillage dans la main.
   - ☐ lui dit lesquels il a le droit de toucher.
   - ☐ ne veut pas qu'Anthony touche à ses coquillages fragiles.

c) Quand Gaspard essaie d'attraper le coquillage qu'Anthony a pris
   - ☐ les deux garçons s'amusent.
   - ☐ seul Gaspard s'amuse.
   - ☐ seul Anthony s'amuse.

2. Le soir, Gaspard écrit un mail à son copain avec qui il passait beaucoup de temps avant de devoir déménager. Il lui raconte son après-midi. Écris ce mail.

Chapitre 5 – Anthony (p. 22)

1. Quelle « blague » Anthony a-t-il faite à Gaspard ? Raconte.

2. Trouves-tu ça drôle ? Explique ta réponse.

3. Examine le rôle que joue l'adulte.

4. « Il faut juste que nous essayions de comprendre ce qui s'est passé et pourquoi ton embrouille avec Gaspard s'est aggravée au point que… » (p. 23, l. 20 – 22)
À ton avis, quelle a été la conséquence des problèmes entre Anthony et Gaspard ? Termine la phrase (attention, « au point que » est suivi du subjonctif).

5. Selon toi, Anthony est-il méchant ?

6. a) Si Gaspard était ton petit frère, que lui conseillerais-tu de faire ?
   Réponds en utilisant le conditionnel.
   b) Si Anthony était ton petit frère, que lui dirais-tu ?
   Réponds en utilisant le conditionnel.

7. Cette scène a été racontée de la perspective d'Anthony. Raconte (par écrit) la même scène de la perspective de Gaspard.

Chapitre 6 – Gaspard (p. 25)

1. Comment Gaspard réagit-il aux méchancetés d'Anthony ? Caractérise le jeune garçon.

2. Examine la situation dans laquelle se trouve Gaspard. S'agit-il de harcèlement [*Mobbing*] selon toi ? Justifie ta réponse.

Chapitre 7 – Anthony (p. 29)

1. Vrai ou faux ? Si c'est faux, corrige.

	vrai	faux
a) Anthony est devenu de plus en plus violent vis-à-vis de Gaspard. _____ _____		
b) Il aime faire très mal à Gaspard. _____ _____		
c) Gaspard ne s'est jamais défendu. _____ _____		
d) Les autres élèves ont essayé de calmer les choses. _____ _____		
e) Gaspard a été puni [*bestraft*] à la place d'Anthony. _____ _____		

Chapitre 8 – Gaspard (p. 31)

1. Coche la ou les bonne(s) réponse(s).

a) Gaspard a besoin de vomir
   - ☐ à cause des vitamines que lui donne sa mère.
   - ☐ parce qu'il a la grippe.
   - ☐ parce qu'il se sent très mal au collège.

b) En cours, Gaspard dit à voix haute « Aïe ! Quel con ! »
   - ☐ parce qu'Anthony lui a envoyé une boulette de papier.
   - ☐ parce que le prof leur donne des équations à faire.
   - ☐ parce qu'il s'est mis le doigt dans l'œil.

c) Le prof de math
   - ☐ fait comme si rien ne s'était passé.
   - ☐ comprend que Gaspard avait des problèmes.
   - ☐ ne comprend rien et donne des exercices en plus à Gaspard.

d) Gaspard
   - ☐ a décidé qu'il ne parlerait jamais aux profs de son problème.
   - ☐ commence à s'expliquer auprès du prof mais celui-ci n'a pas le temps.
   - ☐ voudrait parler au prof mais n'y arrive pas.

e) À la sortie des cours, Gaspard
   - ☐ ne trouve pas son vélo et rentre chez lui en courant.
   - ☐ rentre en vélo mais il est poursuivi par Anthony.
   - ☐ rentre en vélo mais constate que son vélo n'a plus de freins [Bremsen].

f) Finalement,
   - ☐ Anthony a un accident.
   - ☐ Gaspard a un accident.
   - ☐ une camionnette et un bus ont un accident à cause des garçons.

Chapitre 9 – Anthony (p. 35)

1. Résume le dialogue entre Anthony et l'adulte dans ce chapitre.

▲ 2. Après la visite de l'adolescent, l'adulte fait un compte rendu [*Bericht*] de sa discussion avec le jeune garçon. Écris ce compte rendu en suivant le modèle :
   Il m'a dit qu'il avait eu peur.
   Je lui ai demandé s'il était allé le secourir.
   Il m'a répondu que…
   Etc.

Chapitre 10 – Gaspard (p. 37)

Examine le comportement de Gaspard dans ce chapitre. Précise ce qui change dans la façon d'agir du jeune garçon.

Chapitre 11 – Anthony (p. 40)

1. Coche la ou les bonne(s) réponse(s).
   a) Le fait que Gaspard, dans le chapitre précédent, a décidé de ne plus supporter passivement les sales coups d'Anthony
      ☐ est considéré par Anthony et par l'adulte comme une réaction exagérée.
      ☐ est considéré par Anthony comme une provocation extrême.
      ☐ est considéré par l'adulte comme une preuve de courage de la part de Gaspard.

   b) Pour sauver son honneur, Anthony
      ☐ raconte au prof de sport que c'était Gaspard qui avait commencé.
      ☐ se décide de prendre sa revanche sur Gaspard.
      ☐ dit aux autres élèves qu'il n'est pas allé en retenue.

   c) Après les cours, quand Anthony et Gaspard se retrouvent
      ☐ Gaspard donne à Anthony le premier coup.
      ☐ Anthony donne à Gaspard le premier coup.
      ☐ ils se lancent en même temps dans le combat.

d) Après cette bagarre,
  □ Anthony continue de faire des sales coups à Gaspard qui ne sait plus quoi faire.
  □ Anthony continue de faire des sales coups à Gaspard qui lui en fait aussi.
  □ Anthony arrête de faire des sales coups à Gaspard mais lui se met à lui en faire.

e) Les profs
  □ remarquent les problèmes entre les deux garçons mais ne comprennent pas que c'est grave.
  □ remarquent les problèmes entre les deux garçons et insistent pour qu'ils voient un psychologue.
  □ ne remarquent rien du tout.

f) La mère de Gaspard
  □ contacte la mère d'Anthony parce qu'elle croit que les deux garçons sont amis.
  □ contacte la mère d'Anthony qui est désolée d'apprendre que son fils se comporte aussi mal.
  □ contacte la mère d'Anthony qui ne montre aucune compréhension.

g) Le but d'Anthony, c'est
  □ que Gaspard change de classe.
  □ que Gaspard aille dans l'autre collège du quartier.
  □ que Gaspard quitte le collège et le quartier.

2. « Votre affrontement est encore monté d'un cran. » (p. 44, l. 13) : Imagine comment la confrontation entre Gaspard et Anthony peut encore devenir plus violente.

3. Le soir, après son rendez-vous avec l'adulte, Anthony retrouve ses copains qui lui demandent comment s'est passée la conversation. Anthony leur raconte sa discussion avec l'adulte. Écris ce dialogue.

Chapitre 12 – Gaspard (p. 45)

1. Coche la ou les bonne(s) réponse(s).

   a) Les graves problèmes que vit Gaspard font que ses notes à l'école
      ☐ s'améliorent parce qu'il se réfugie dans le travail.
      ☐ deviennent de plus en plus mauvaises parce qu'Anthony l'oblige à faire ses devoirs en plus des siens.
      ☐ deviennent de plus en plus mauvaises parce que son esprit est occupé par autre chose.

   b) À chaque fois qu'Anthony l'agresse, Gaspard
      ☐ contre-attaque.
      ☐ se débrouille pour éviter les coups.
      ☐ se laisse faire.

   c) Un jour, pour en finir avec Anthony, Gaspard
      ☐ l'attaque avec un couteau.
      ☐ le bat jusqu'à ce qu'il perde conscience.
      ☐ lui passe un fil autour du cou pour qu'il ne puisse plus respirer.

   d) Surpris par cette attaque, Anthony
      ☐ se défend et essaie de s'échapper.
      ☐ se défend et donne un coup violent à Gaspard.
      ☐ prend peur et se met à pleurer.

   e) Finalement, Gaspard
      ☐ va au bout de son plan.
      ☐ blesse seulement Anthony.
      ☐ le laisse partir sans lui faire mal.

▲ ᨑᨑ 2. Imaginez la discussion entre l'adulte et Anthony à propos de cet événement. Écrivez un dialogue dans lequel l'adulte pose des questions au jeune garçon et l'ado lui répond.
Puis jouez la scène devant vos camarades.

Chapitre 13 – Anthony (p. 49)

1. Quelle a été la réaction d'Anthony après cet épisode ?

2. Caractérise Anthony à partir de ses réponses aux questions de l'adulte.
   Que penses-tu de son comportement ?

3. « Attendez, c'est quand même pas ma faute si Gaspard s'est… » – « […] Tu m'as dit que tu souhaitais te débarrasser de Gaspard. Finalement tu y es arrivé » (p. 50, l.31 – p. 51, l.8) : À ton avis, qu'a fait Gaspard ? Fais des hypothèses.

Chapitre 14 – Gaspard (p. 52)

Dans quel état d'esprit se trouve Gaspard ? Que décide-t-il de faire ?

Chapitre 15 – Gaspard et Anthony (p. 54)

1. Relève les indices qui révèlent où se passaient les entretiens entre l'adulte et Anthony ainsi que la fonction de l'adulte.
   Quel effet cela fait-il de n'avoir ces informations que dans le dernier chapitre ?

2. Résume la visite d'Anthony à Gaspard.
   Que penses-tu de cette fin ? Est-elle réaliste, selon toi ?

Après la lecture

Vocabulaire

1. Au collège / lycée : Complète avec le mot qui convient. Pour cela, mets les lettres dans le bon ordre. Si besoin, vérifie sur les pages indiquées.

   a) Quand l'école reprend après les grandes vacances d'été, c'est la _____ (r n r é t e e / *p. 10*)

b) Ce premier jour, c'est le début de l'année _____ (a i c s l o e r / *p. 13*) qui finira début juillet.

c) Le directeur de l'école est aussi appelé le _____ (n i i c r p l p a / *p. 11*), la personne juste après lui dans la hiérarchie, le _____ (n i i c r p l p a   t n i o j d a / *p. 23*).

d) Pour vérifier que tous les élèves sont là, on les appelle tous par leur nom : on _____ (i a f t   l'   l e p a p / *p. 11*)

e) Les mauvais élèves n'aiment pas s'asseoir au _____ _____ (i e r p e r m   n g a r / *p. 12*)

f) Entre les maths, le français, l'histoire-géo etc., quelle _____ (a t m i e è r / *p. 14*) tu préfères ?

g) Un prof est aussi appelé un _____ (n q a t n i e e s n / *p. 28*)

h) Pour dire aux élèves ce qu'ils doivent faire, il leur _____ (n n d e o   e l s   s s e n i g n c o / *p. 27*)

i) En maths, les élèves doivent _____ _____ (é u o s r r d e   n e u   q t o n i u a é / *p. 32*)

j) Avant le sport, on se change dans le _____ (s i a r e i v t / *p. 27*)

k) Dans la cour, celui qui vérifie que tout le monde se comporte bien, c'est le _____ (n t l r v u s l e a i / *p. 30*)

l) Si un élève a fait quelque chose de mal, il doit être _____ (t n n é o i c a n s / *p. 23*) : le prof ou le principal va le _____ (u i n r p / *p. 28*)

m) L'élève a alors une _____ (e o c l l / *p. 12*) ou une _____ (u t e e e n r / *p. 39*)

2. Voici une série de mots qui se rapportent à un sentiment ou à un trait de caractère. Relie chaque mot à la définition qui lui correspond.

la confiance en soi (p. 14)	le fait d'être furieux
la timidité (p. 16)	une très grande fatigue
la franchise (p. 23)	le fait d'être gêné, d'avoir honte
la curiosité (p. 24)	le fait de ne pas avoir le courage de se montrer tel qu'on est
la colère (p. 25)	une très grande peur
la haine (p. 25)	la joie, le bonheur, le fait d'apprécier qc
la rancune (p. 25)	le fait d'avoir envie de connaître qc/qn, de vouloir savoir, de vouloir voir qc
le chagrin (p. 25)	le fait d'avoir le courage de se montrer tel qu'on est
l'embarras (p. 28)	le fait de se dire que tout nous est égal et de le montrer
l'angoisse (p. 29)	le fait d'être honnête, de dire la vérite
le regret (p. 29)	l'irritation, l'énervement
le plaisir (p. 37)	le fait de se sentir désolé pour qn d'autre
la désinvolture (p. 38)	le contraire de l'amour
l'agacement (p. 38)	le fait d'être complètement perdu, de ne plus avoir d'espoir
l'épuisement (p. 45)	le fait d'être hostile à qn et de vouloir se venger
la détresse (p. 46)	le sentiment de n'avoir pas fait la bonne chose et de se dire qu'on aurait dû faire autre chose
la pitié (p. 47)	le fait d'être triste

3. Le harcèlement [*Mobbing*] :

a) Qui commet [*begeht*] le harcèlement, qui le subit [*erleidet*] ? Relie les mots.

> un tourmenteur (p. 28)
>
> un tortionnaire (p. 38)
>
> un persécuteur (p. 33)
>
> une victime (p. 26)
>
> un agresseur (p. 38)
>
> un souffre-douleur (p. 38)
>
> un bourreau (p. 48)

> Il commet.
>
> Il subit.

b) Ces verbes et expressions se rapportent-ils à une agression verbale ou à une agression physique ? Reporte-les dans la colonne du tableau qui convient.

> cogner – filer un coup de pied à qn – en coller une à qn – injurier qn – faire un croche-patte à qn – insulter qn – empoigner qn – donner de grandes claques dans le dos à qn – taper

agression verbale	agression physique

c) Que signifient ces mots ? Reporte-les dans la colonne qui convient.

> une bagarre – une claque – une gifle – une lutte à mort – une baston – une baffe

Ohrfeige	Schlägerei, Kampf

d) Trouvez l'intrus.
- menacer – rassurer – humilier – tourmenter
- martyriser – harceler – racketter – surmonter

Discussion

1. Que penses-tu de cette histoire ? La trouves-tu réaliste ? Connais-tu des personnes à qui cela est arrivé ? Ou bien as-tu entendu parler, dans les médias, de jeunes ayant eu des expériences similaires ? Raconte.
2. Quelles autres formes de harcèlement sont également utilisées aujourd'hui ?
3. Comment peut-on se protéger / protéger les gens qu'on aime contre ces agressions qui peuvent détruire une personne ? Discutez à plusieurs.

⠿ Écriture

Quelques années plus tard, alors qu'il est au lycée, Gaspard décide de s'engager pour aider les ados plus jeunes qui sont confrontés eux aussi au harcèlement. Il prépare avec des amis un site Internet où les jeunes peuvent écrire s'ils ont besoin d'aide.

Pour son site, il doit préparer plusieurs rubriques :

– à qui s'adresse ce site ?
– les risques que courent les victimes
– mon expérience (Gaspard)
– mes conseils

En petits groupes, écrivez les textes de ces quatre rubriques pour le site de Gaspard.

Un peu de grammaire

Le gérondif et le participe présent

In dem Roman kommen zwei Satzkonstruktionen vor, die ihr wahrscheinlich noch nicht kennt und die es im Deutschen nicht gibt: das *gérondif* und das seltener vorkommende und der Schriftsprache vorbehaltene *participe présent*. Beide Konstruktionen dienen hauptsächlich der Verkürzung von Nebensätzen.

1. Bildung des gérondif und des participe présent

Beide Formen weden von der ersten Person Plural Präsens abgeleitet, wobei die Endung *-ons* durch *-ant* ersetzt wird. Im Falle des *gérondif* setzt man dann noch die Präposition *en* davor.

Beispiele:

REGARDER	FINIR	ATTENDRE
nous regard**ons**	nous finiss**ons**	nous attend**ons**
en regard**ant**	**en** finiss**ant**	**en** attend**ant**

Es gibt nur drei Ausnahmen: ÊTRE: en étant – AVOIR: en ayant – SAVOIR: en sachant

Sowohl das *gérondif* als auch das *participe présent* sind unveränderlich.

2. Gebrauch des gérondif

Das *gérondif*
– drückt die **Gleichzeitigkeit** zweier Handlungen aus:
  En franchissant la grille du collège, […] il avait […] une mine relativement détendue (p. 15)
  → *Während* er durch das Schultor ging…

– drückt die **Art und Weise** einer Handlung/eines Geschehens aus:

Anthony lui causa une nouvelle poussée d'adrénaline **en bloquant** le battant. (p. 20)

→ *Indem* er die Schranktüre blockierte, verursachte Anthony …

Achtung:

Das *gérondif* kann nur verwendet werden, wenn es sich in beiden Satzteilen um **das gleiche Subjekt** handelt.

3. Gebrauch des participe présent

Das *participe présent*

– ersetzt **Relativsätze**:

Elle [...] fit avancer les élèves sous le préau, vers l'escalier **menant** aux salles de cours des étages (p. 15).

→ … zur Treppe, *die* zu den Unterrichtsräumen in den oberen Etagen führt

– drückt die **Gleichzeitigkeit** zweier Handlungen aus:

Gaspard leva sa basket jusqu'à son nez et, **faisant mine** d'en humer l'intérieur [...] (p. 38)

→ … *und* tat so als würde er am Inneren riechen

– kann Kausalsätze ersetzen :

Les cours **se terminant** à midi le mercredi, il se dirigea vers l'abri à deux-roues du collège. (p. 33)

Da der Unterricht mittwochs um 12 Uhr endet, …

Liste des abréviations

≠	antonyme de
→	mot de la même famille
°	h aspiré (pas de liaison: le/la devant un substantif, je devant un verbe)
abrév	abréviation
all	*allemand*
angl	anglais
etw	etwas
expr	expression
f	féminin
fam	familier
fpl	féminin pluriel
jdm	jemandem
jdn	jemanden
m	masculin
mpl	masculin pluriel
péj	péjoratif
qc	quelque chose
qn	quelqu'un
vulg	vulgaire